99 Easy French Conversations

French Interlinear Reader

Brian Smith

Au supermarché

Marie : Bonjour, excusez-moi, vous travaillez ici ?

Marie: Hello, excuse me, do you work here?

Paul : Oui, bonjour ! Comment puis-je vous aider ?

Paul: Yes, hello! How can I help you?

Marie : Je cherche des pâtes, mais je ne les trouve pas. Vous savez où elles sont ?

Marie: I'm looking for pasta, but I can't find it. Do you know where it is?

Paul : Bien sûr ! Les pâtes sont dans l'allée 5, juste à côté du riz et des sauces tomates.

Paul: Of course! The pasta is in aisle 5, right next to the rice and tomato sauces.

Marie : Ah, merci ! Et est-ce que vous savez si vous avez des pâtes sans gluten ?

Marie: Ah, thanks! And do you know if you have gluten-free pasta?

Paul : Oui, nous en avons. Elles sont dans le même rayon, mais tout en bas de l'étagère.

Paul: Yes, we do. They are in the same aisle, but at the very bottom of the shelf.

Marie : Super, je vais les chercher. Je cherche aussi des tomates fraîches pour faire une salade.

Marie: Great, I'll go get them. I'm also looking for fresh tomatoes to make a salad.

Paul : Les tomates sont au rayon des fruits et légumes, au fond du magasin, à gauche. Vous trouverez aussi des concombres et de la laitue, si vous en avez besoin.

Paul: The tomatoes are in the fruits and vegetables section, at the back of the store, to the left. You'll also find cucumbers and lettuce if you need them.

Marie : Parfait, merci ! Et pour le fromage, où puis-je en trouver ?

Marie: Perfect, thanks! And where can I find the cheese?

Paul : Le fromage est dans le rayon frais, juste à côté du lait et des yaourts. Il y a beaucoup de choix : du fromage à pâte dure, du fromage à tartiner...

Paul: The cheese is in the fresh section, right next to the milk and yogurts. There are many choices: hard cheese, spreadable cheese...

Marie : Génial ! J'adore le fromage. Avez-vous du brie ?

Marie: Great! I love cheese. Do you have brie?

Paul : Oui, nous avons du brie dans la section des fromages français. Il est souvent à côté du camembert.

Paul: Yes, we have brie in the French cheese section. It's often next to the camembert.

Marie : Merci, ça m'aide beaucoup. Une dernière question : où sont les produits de nettoyage ?

Marie: Thanks, that helps a lot. One last question: where are the cleaning products?

Paul : Les produits de nettoyage se trouvent dans l'allée 12, près des articles de maison. Vous y trouverez des détergents, des éponges, et tout ce qu'il faut pour nettoyer.

Paul: The cleaning products are in aisle 12, near the household items. You'll find detergents, sponges, and everything you need for cleaning.

Marie : D'accord, je vais voir ça. Est-ce que vous savez si vous avez des sacs-poubelle biodégradables ?

Marie: Alright, I'll check that. Do you know if you have biodegradable trash bags?

Paul : Oui, nous en avons. Ils sont dans le même rayon, à côté des sacs-poubelle classiques.

Paul: Yes, we have them. They're in the same aisle, next to the regular trash bags.

Marie : Parfait, merci pour votre aide. Vous êtes vraiment gentil !

Marie: Perfect, thank you for your help. You're really kind!

Paul : Avec plaisir ! Si vous avez encore besoin de quelque chose, n'hésitez pas à me demander.

Paul: My pleasure! If you need anything else, don't hesitate to ask.

Marie : Merci beaucoup, je pense que j'ai tout ce qu'il me faut. Je vais passer à la caisse maintenant.

Marie: Thank you very much, I think I have everything I need. I'll go to the checkout now.

Paul : Très bien, les caisses sont juste là, à droite de l'entrée.

Paul: Alright, the checkouts are just over there, to the right of the entrance.

Marie : Merci encore ! Bonne journée !

Marie: Thanks again! Have a nice day!

Paul : Merci, à vous aussi ! Bonnes courses !

Paul: Thank you, you too! Happy shopping!

Au restaurant : Commander à manger

Serveur : Bonjour, bienvenue au restaurant ! Vous avez une réservation ?

Server: Hello, welcome to the restaurant! Do you have a reservation?

Lucie : Bonjour ! Non, nous n'avons pas réservé. Est-ce que vous avez une table pour deux personnes ?

Lucie: Hello! No, we haven't reserved. Do you have a table for two people?

Serveur : Oui, bien sûr. Suivez-moi, s'il vous plaît. Voici une table près de la fenêtre.

Server: Yes, of course. Please follow me. Here is a table by the window.

Lucie : Merci beaucoup.

Lucie: Thank you very much.

Serveur : Voici les menus. Je vous laisse quelques minutes pour choisir.

Server: Here are the menus. I'll give you a few minutes to decide.

Lucie : D'accord, merci.

Lucie: Okay, thank you.

(Quelques minutes plus tard)

(A few minutes later)

Serveur : Avez-vous fait votre choix ?

Server: Have you made your choice?

Lucie : Oui, pour moi, je vais prendre une salade niçoise, s'il vous plaît.

Lucie: Yes, for me, I'll have a Niçoise salad, please.

Julien : Et moi, je voudrais un steak-frites, à point, s'il vous plaît.

Julien: And I'll have steak and fries, medium, please.

Serveur : Très bien. Et pour les boissons, que souhaitez-vous ?

Server: Very well. And for drinks, what would you like?

Lucie : Un verre d'eau pour moi, s'il vous plaît.

Lucie: A glass of water for me, please.

Julien : Je prendrai un soda, s'il vous plaît.

Julien: I'll have a soda, please.

Serveur : Très bien. Une salade niçoise, un steak-frites à point, un verre d'eau et un soda. Je vous apporte ça tout de suite.

Server: Very well. A Niçoise salad, medium steak and fries, a glass of water, and a soda. I'll bring that right away.

Lucie : Merci beaucoup !

Lucie: Thank you very much!

(Après le repas)

(After the meal)

Serveur : Tout s'est bien passé ?

Server: Did everything go well?

Julien : Oui, c'était délicieux, merci !

Julien: Yes, it was delicious, thank you!

Lucie : Oui, vraiment très bon.

Lucie: Yes, really very good.

Serveur : Parfait ! Voulez-vous un dessert ou un café ?

Server: Perfect! Would you like a dessert or coffee?

Lucie : Non merci, juste l'addition, s'il vous plaît.

Lucie: No thanks, just the bill, please.

Serveur : Bien sûr. Je vous apporte ça tout de suite.

Server: Of course. I'll bring it right away.

Lucie : Merci.

Lucie: Thank you.

(Le serveur revient avec l'addition)

(The server returns with the bill)

Serveur : Voilà, l'addition. Vous pouvez payer par carte ou en espèces.

Server: Here is the bill. You can pay by card or cash.

Lucie : Par carte, s'il vous plaît.

Lucie: By card, please.

Serveur : Très bien, merci beaucoup. Bonne journée à vous !

Server: Very well, thank you very much. Have a great day!

Lucie et Julien : Merci, bonne journée !

Lucie and Julien: Thank you, have a great day!

Au café avec des amis

Claire : Salut tout le monde ! Ça fait plaisir de vous voir !

Claire: Hi everyone! It's great to see you!

Sophie : Salut Claire ! Oui, ça fait longtemps. Comment ça va ?

Sophie: Hi Claire! Yes, it's been a while. How are you?

Claire : Je vais bien, merci. Et toi ?

Claire: I'm good, thanks. And you?

Sophie : Ça va bien aussi.

Sophie: I'm good too.

Julien : Salut Claire, comment tu vas ?

Julien: Hi Claire, how are you doing?

Claire : Salut Julien ! Ça va, merci. Et toi, quoi de neuf ?

Claire: Hi Julien! I'm fine, thanks. What's new with you?

Julien : Pas grand-chose, juste du travail et un peu de sport.

Julien: Not much, just work and some sports.

Serveur : Bonjour, vous êtes prêts à commander ?

Server: Hello, are you ready to order?

Sophie : Oui, je vais prendre un café au lait, s'il vous plaît.

Sophie: Yes, I'll have a latte, please.

Julien : Pour moi, un thé vert, merci.

Julien: For me, a green tea, thank you.

Claire : Et moi, je voudrais un chocolat chaud, s'il vous plaît.

Claire: And I'd like a hot chocolate, please.

Serveur : Très bien, un café au lait, un thé vert et un chocolat chaud. Je vous apporte ça tout de suite.

Server: Very well, a latte, a green tea, and a hot chocolate. I'll bring them right away.

Sophie : Merci.

Sophie: Thank you.

Claire : Alors, qu'est-ce que vous faites ce week-end ?

Claire: So, what are you doing this weekend?

Julien : Moi, je vais à la montagne avec des amis. On va faire de la randonnée.

Julien: I'm going to the mountains with some friends. We're going hiking.

Sophie : Oh, ça a l'air super !

Sophie: Oh, that sounds great!

Claire : Oui, c'est génial. Et toi, Sophie, tu as des plans ?

Claire: Yes, that's awesome. And you, Sophie, do you have any plans?

Sophie : Oui, je vais visiter mes parents à la campagne.

Sophie: Yes, I'm going to visit my parents in the countryside.

Claire : Ça va être sympa !

Claire: That's going to be nice!

Serveur : Voilà vos boissons. Un café au lait, un thé vert et un chocolat chaud.

Server: Here are your drinks. A latte, a green tea, and a hot chocolate.

Julien : Merci beaucoup !

Julien: Thank you very much!

Claire : Merci !

Claire: Thank you!

Sophie : Merci !

Sophie: Thank you!

Claire : Bon, à la vôtre !

Claire: Cheers!

Julien : Santé !

Julien: Cheers!

Sophie : Santé !

Sophie: Cheers!

Claire : Ah, c'est bon de se détendre un peu.

Claire: Ah, it feels good to relax a bit.

Sophie : Oui, surtout après une semaine de travail.

Sophie: Yes, especially after a week of work.

Julien : C'est clair, ça fait du bien de se retrouver ici.

Julien: Definitely, it feels good to be here together.

Demander son chemin

Pierre : Excusez-moi, madame. Pouvez-vous m'aider ?

Pierre: Excuse me, ma'am. Can you help me?

Marie : Oui, bien sûr. Que cherchez-vous ?

Marie: Yes, of course. What are you looking for?

Pierre : Je cherche la gare, mais je ne sais pas par où aller.

Pierre: I'm looking for the train station, but I don't know which way to go.

Marie : Ah, la gare ! Vous êtes assez proche. Vous continuez tout droit, puis vous tournez à gauche au prochain carrefour.

Marie: Ah, the station! You're quite close. You go straight ahead, then turn left at the next intersection.

Pierre : D'accord, tout droit puis à gauche. C'est loin d'ici ?

Pierre: Okay, straight ahead then left. Is it far from here?

Marie : Non, pas très loin. Environ dix minutes à pied.

Marie: No, not very far. About ten minutes on foot.

Pierre : Merci beaucoup ! Et pour aller à la station de métro la plus proche ?

Pierre: Thank you very much! And how do I get to the nearest metro station?

Marie : Pour le métro, c'est simple. Vous allez tout droit, comme pour la gare, mais vous tournez à droite après le parc.

Marie: For the metro, it's simple. You go straight, like for the station, but turn right after the park.

Pierre : D'accord, je comprends. Tout droit, puis à droite après le parc.

Pierre: Alright, I understand. Straight ahead, then right after the park.

Marie : Exactement. Vous verrez l'entrée du métro juste là.

Marie: Exactly. You'll see the metro entrance right there.

Pierre : Super, merci beaucoup pour votre aide !

Pierre: Great, thank you very much for your help!

Marie : Avec plaisir. Bonne journée et bon voyage !

Marie: My pleasure. Have a good day and a nice trip!

Pierre : Merci, à vous aussi !

Pierre: Thank you, same to you!

Acheter des vêtements en magasin

Vendeur : Bonjour, je peux vous aider ?

Salesperson: Hello, can I help you?

Nina : Bonjour, oui, je cherche un pantalon.

Nina: Hello, yes, I'm looking for a pair of pants.

Vendeur : Bien sûr, vous avez une taille en tête ?

Salesperson: Of course, do you have a size in mind?

Nina : Je pense que je fais du 38.

Nina: I think I'm a size 38.

Vendeur : Très bien, les pantalons sont juste ici. Vous préférez quelle couleur ?

Salesperson: Very well, the pants are right here. Which color do you prefer?

Nina : J'aimerais un pantalon noir, s'il vous plaît.

Nina: I'd like a black pair of pants, please.

Vendeur : Voilà, nous avons ce modèle en noir. Vous voulez l'essayer ?

Salesperson: Here you go, we have this model in black. Would you like to try it on?

Nina : Oui, je veux bien. Où sont les cabines d'essayage ?

Nina: Yes, I'd like to. Where are the fitting rooms?

Vendeur : Les cabines sont au fond du magasin, à gauche.

Salesperson: The fitting rooms are at the back of the store, on the left.

(Quelques minutes plus tard)

(A few minutes later)

Nina : Le pantalon est un peu trop serré. Est-ce que vous avez la taille au-dessus ?

Nina: The pants are a bit too tight. Do you have the next size up?

Vendeur : Oui, je vais vous apporter un 40 tout de suite.

Salesperson: Yes, I'll bring you a size 40 right away.

(Quelques minutes plus tard)

(A few minutes later)

Nina : Merci ! Celui-ci me va beaucoup mieux. Combien ça coûte ?

Nina: Thank you! This one fits much better. How much does it cost?

Vendeur : Il est à 45 euros.

Salesperson: It's 45 euros.

Nina : D'accord, je vais le prendre.

Nina: Okay, I'll take it.

Vendeur : Très bien. Voulez-vous payer par carte ou en espèces ?

Salesperson: Very well. Would you like to pay by card or cash?

Nina : Par carte, s'il vous plaît.

Nina: By card, please.

Vendeur : Voilà, c'est fait. Merci pour votre achat et bonne journée !

Salesperson: There you go, it's done. Thank you for your purchase and have a nice day!

Nina : Merci, bonne journée à vous aussi !

Nina: Thank you, have a nice day too!

Chez le médecin

Docteur : Bonjour, entrez et asseyez-vous. Qu'est-ce qui vous amène aujourd'hui ?

Doctor: Hello, come in and have a seat. What brings you in today?

Julie : Bonjour, docteur. J'ai mal à la gorge depuis trois jours, et j'ai aussi un peu de fièvre.

Julie: Hello, doctor. I've had a sore throat for three days, and I also have a bit of a fever.

Docteur : D'accord. Avez-vous d'autres symptômes ? Toux, nez qui coule ?

Doctor: Alright. Do you have any other symptoms? Coughing, runny nose?

Julie : Oui, je tousse un peu, mais surtout la gorge me fait très mal.

Julie: Yes, I'm coughing a little, but mainly my throat hurts a lot.

Docteur : Je vais regarder ça. Ouvrez la bouche, s'il vous plaît.

Doctor: Let me take a look. Open your mouth, please.

(Julie ouvre la bouche)

(Julie opens her mouth)

Docteur : Hmm, votre gorge est très rouge. Vous avez probablement une petite infection. Je vais vous prescrire des médicaments.

Doctor: Hmm, your throat is very red. You probably have a small infection. I'll prescribe you some medication.

Julie : C'est grave ?

Julie: Is it serious?

Docteur : Non, ne vous inquiétez pas. Avec les médicaments, ça ira mieux en quelques jours.

Doctor: No, don't worry. With the medication, you'll feel better in a few days.

Julie : D'accord, merci. Dois-je rester à la maison ?

Julie: Alright, thank you. Should I stay home?

Docteur : Oui, reposez-vous bien et buvez beaucoup d'eau. Si la fièvre continue plus de trois jours, revenez me voir.

Doctor: Yes, rest well and drink plenty of water. If the fever lasts more than three days, come back to see me.

Julie : Très bien, je ferai ça.

Julie: Very well, I'll do that.

Docteur : Voici l'ordonnance pour les médicaments. Vous pouvez les prendre trois fois par jour après les repas.

Doctor: Here is the prescription for the medication. You can take them three times a day after meals.

Julie : Merci, docteur.

Julie: Thank you, doctor.

Docteur : De rien, prenez soin de vous et bonne guérison !

Doctor: You're welcome, take care of yourself and get well soon!

Julie : Merci, bonne journée !

Julie: Thank you, have a nice day!

Docteur : À vous aussi !

Doctor: You too!

Prendre un rendez-vous chez le médecin

Secrétaire : Cabinet médical, bonjour. Comment puis-je vous aider ?

Secretary: Medical office, hello. How can I help you?

Marie : Bonjour, je voudrais prendre un rendez-vous avec le docteur Dupont, s'il vous plaît.

Marie: Hello, I'd like to make an appointment with Dr. Dupont, please.

Secrétaire : Bien sûr. Quel jour vous conviendrait ?

Secretary: Of course. What day would work for you?

Marie : Est-ce qu'il y a des disponibilités demain matin ?

Marie: Are there any availabilities tomorrow morning?

Secrétaire : Voyons voir... Oui, il y a un créneau à 9h30. Est-ce que cela vous convient ?

Secretary: Let's see… Yes, there's a slot at 9:30. Does that work for you?

Marie : Oui, c'est parfait.

Marie: Yes, that's perfect.

Secrétaire : Très bien. Je vous ai notée pour demain à 9h30 avec le docteur Dupont. Pouvez-vous me donner votre nom, s'il vous plaît ?

Secretary: Very well. I've scheduled you for tomorrow at 9:30 with Dr. Dupont. Can you give me your name, please?

Marie : Oui, je m'appelle Marie Leclerc.

Marie: Yes, my name is Marie Leclerc.

Secrétaire : Merci, madame Leclerc. Est-ce votre première visite chez nous ?

Secretary: Thank you, Mrs. Leclerc. Is this your first visit with us?

Marie : Oui, c'est la première fois.

Marie: Yes, it's the first time.

Secrétaire : D'accord. Merci de venir avec votre carte vitale et une pièce d'identité.

Secretary: Alright. Please bring your health card and a form of ID.

Marie : Pas de problème. Merci beaucoup pour votre aide.

Marie: No problem. Thank you very much for your help.

Secrétaire : Avec plaisir. À demain, madame Leclerc. Bonne journée !

Secretary: My pleasure. See you tomorrow, Mrs. Leclerc. Have a nice day!

Marie : Merci, à vous aussi. Au revoir !

Marie: Thank you, you too. Goodbye!

Secrétaire : Au revoir !

Secretary: Goodbye!

À la pharmacie

Pharmacien : Bonjour, comment puis-je vous aider ?

Pharmacist: Hello, how can I help you?

Clara : Bonjour, je viens chercher des médicaments. J'ai une ordonnance du médecin.

Clara: Hello, I'm here to pick up some medication. I have a prescription from the doctor.

Pharmacien : Très bien. Puis-je voir l'ordonnance, s'il vous plaît ?

Pharmacist: Very well. May I see the prescription, please?

Clara : Oui, la voici.

Clara: Yes, here it is.

Pharmacien : Merci. Un instant, je vais préparer vos médicaments.

Pharmacist: Thank you. One moment, I'll prepare your medication.

(Quelques minutes plus tard)

(A few minutes later)

Pharmacien : Voilà, vos médicaments sont prêts. Vous devez prendre un comprimé trois fois par jour, après chaque repas.

Pharmacist: Here you go, your medication is ready. You need to take one tablet three times a day, after each meal.

Clara : D'accord, merci. Y a-t-il des effets secondaires à ces médicaments ?

Clara: Alright, thank you. Are there any side effects to this medication?

Pharmacien : Oui, vous pourriez ressentir un peu de fatigue ou avoir un léger mal de tête, mais c'est rare. Si vous avez des problèmes, revenez nous voir.

Pharmacist: Yes, you might feel a little tired or have a mild headache, but it's rare. If you have any issues, come back to see us.

Clara : Très bien, je ferai attention. Combien dois-je payer ?

Clara: Very well, I'll be careful. How much do I need to pay?

Pharmacien : Cela fait 12 euros. Vous payez par carte ou en espèces ?

Pharmacist: That will be 12 euros. Are you paying by card or cash?

Clara : Par carte, s'il vous plaît.

Clara: By card, please.

Pharmacien : Très bien. Voilà votre reçu.

Pharmacist: Very well. Here is your receipt.

Clara : Merci beaucoup pour votre aide !

Clara: Thank you very much for your help!

Pharmacien : De rien, prenez soin de vous. Bonne journée !

Pharmacist: You're welcome, take care. Have a nice day!

Clara : Merci, bonne journée à vous aussi !

Clara: Thank you, have a nice day too!

À la poste

Employé : Bonjour, comment puis-je vous aider ?

Employee: Hello, how can I help you?

Thomas : Bonjour, je voudrais envoyer un colis, s'il vous plaît.

Thomas: Hello, I'd like to send a package, please.

Employé : Très bien. Où souhaitez-vous l'envoyer ?

Employee: Very well. Where would you like to send it?

Thomas : C'est pour la France.

Thomas: It's going to France.

Employé : D'accord. Est-ce que vous avez déjà une boîte ou un emballage ?

Employee: Okay. Do you already have a box or packaging?

Thomas : Oui, j'ai déjà tout emballé.

Thomas: Yes, I've already packed everything.

Employé : Parfait. Le colis fait combien de kilos ?

Employee: Perfect. How many kilos is the package?

Thomas : Il pèse environ 2 kilos.

Thomas: It weighs around 2 kilos.

Employé : Très bien. Voulez-vous un envoi standard ou express ?

Employee: Very well. Would you like standard or express shipping?

Thomas : Quel est le délai pour l'envoi express ?

Thomas: What is the delivery time for express shipping?

Employé : L'envoi express arrive sous deux jours.

Employee: Express shipping arrives within two days.

Thomas : D'accord, je vais prendre l'option express.

Thomas: Okay, I'll go with the express option.

Employé : Parfait, cela fera 15 euros. Vous payez par carte ou en espèces ?

Employee: Perfect, that will be 15 euros. Are you paying by card or cash?

Thomas : Par carte, s'il vous plaît.

Thomas: By card, please.

Employé : Voilà, c'est payé. Voici votre reçu.

Employee: There you go, it's paid. Here's your receipt.

Thomas : Merci beaucoup. Est-ce que je peux suivre mon colis en ligne ?

Thomas: Thank you very much. Can I track my package online?

Employé : Oui, bien sûr. Voici le numéro de suivi. Vous pouvez le consulter sur notre site internet.

Employee: Yes, of course. Here is the tracking number. You can check it on our website.

Thomas : Merci, c'est très utile !

Thomas: Thank you, that's very helpful!

Employé : De rien, bonne journée !

Employee: You're welcome, have a nice day!

Thomas : Merci, à vous aussi. Au revoir !

Thomas: Thank you, you too. Goodbye!

Employé : Au revoir !

Employee: Goodbye!

Prendre un taxi

Chauffeur : Bonjour, où souhaitez-vous aller ?

Driver: Hello, where would you like to go?

Paul : Bonjour, je voudrais aller à la gare, s'il vous plaît.

Paul: Hello, I'd like to go to the train station, please.

Chauffeur : D'accord, c'est parti. Vous êtes pressé ?

Driver: Alright, let's go. Are you in a hurry?

Paul : Non, pas vraiment, mais mon train part dans une heure.

Paul: No, not really, but my train leaves in an hour.

Chauffeur : Très bien. Vous venez de loin ?

Driver: Very well. Are you coming from far away?

Paul : Oui, je viens de l'aéroport.

Paul: Yes, I'm coming from the airport.

Chauffeur : Ah, je vois. Vous allez souvent à la gare ?

Driver: Ah, I see. Do you go to the train station often?

Paul : Pas souvent, mais aujourd'hui je prends un train pour Paris.

Paul: Not often, but today I'm taking a train to Paris.

Chauffeur : Paris, c'est une belle ville ! Vous y allez pour le travail ou pour les vacances ?

Driver: Paris is a beautiful city! Are you going for work or for vacation?

Paul : Pour le travail.

Paul: For work.

Chauffeur : D'accord. Nous arrivons bientôt.

Driver: Alright. We'll be there soon.

(Quelques minutes plus tard)

(A few minutes later)

Chauffeur : Voilà, nous sommes à la gare. Cela fait 12 euros.

Driver: Here we are, at the station. That will be 12 euros.

Paul : Je peux payer par carte ?

Paul: Can I pay by card?

Chauffeur : Oui, bien sûr.

Driver: Yes, of course.

(Paul paie avec sa carte)

(Paul pays with his card)

Chauffeur : Merci. Voici votre reçu.

Driver: Thank you. Here is your receipt.

Paul : Merci beaucoup ! Bonne journée.

Paul: Thank you very much! Have a nice day.

Chauffeur : Bonne journée à vous aussi, et bon voyage !

Driver: Have a nice day too, and have a good trip!

Paul : Merci, au revoir !

Paul: Thank you, goodbye!

Chauffeur : Au revoir !

Driver: Goodbye!

Réserver une chambre d'hôtel

Réceptionniste : Bonjour, Hôtel du Parc. Comment puis-je vous aider ?

Receptionist: Hello, Hôtel du Parc. How can I help you?

Lisa : Bonjour, je voudrais réserver une chambre, s'il vous plaît.

Lisa: Hello, I'd like to book a room, please.

Réceptionniste : Bien sûr. Pour quelle date, s'il vous plaît ?

Receptionist: Of course. For which dates, please?

Lisa : Du 10 au 12 octobre.

Lisa: From the 10th to the 12th of October.

Réceptionniste : D'accord. Pour combien de personnes ?

Receptionist: Alright. For how many people?

Lisa : Pour deux personnes.

Lisa: For two people.

Réceptionniste : Très bien. Nous avons une chambre double disponible. Voulez-vous une chambre avec vue sur le jardin ou sur la rue ?

Receptionist: Very well. We have a double room available. Would you like a room with a view of the garden or the street?

Lisa : Avec vue sur le jardin, s'il vous plaît.

Lisa: With a garden view, please.

Réceptionniste : C'est noté. Le prix est de 90 euros par nuit, petit déjeuner inclus.

Receptionist: Noted. The price is 90 euros per night, including breakfast.

Lisa : Parfait, je vais la réserver.

Lisa: Perfect, I'll book it.

Réceptionniste : Très bien. Pouvez-vous me donner votre nom, s'il vous plaît ?

Receptionist: Very well. Can you give me your name, please?

Lisa : Oui, c'est Lisa Dupont.

Lisa: Yes, it's Lisa Dupont.

Réceptionniste : Merci, madame Dupont. Comment souhaitez-vous payer, par carte ou sur place ?

Receptionist: Thank you, Mrs. Dupont. How would you like to pay, by card or on-site?

Lisa : Je paierai sur place.

Lisa: I'll pay on-site.

Réceptionniste : D'accord. Votre chambre est réservée. Nous vous attendons le 10 octobre.

Receptionist: Alright. Your room is booked. We'll be expecting you on the 10th of October.

Lisa : Merci beaucoup pour votre aide !

Lisa: Thank you very much for your help!

Réceptionniste : Avec plaisir. À bientôt, madame Dupont. Bonne journée !

Receptionist: My pleasure. See you soon, Mrs. Dupont. Have a nice day!

Lisa : Merci, bonne journée à vous aussi !

Lisa: Thank you, have a nice day too!

À l'aéroport : Enregistrement

Agent : Bonjour, puis-je voir votre billet et votre passeport, s'il vous plaît ?

Agent: Hello, may I see your ticket and passport, please?

Marc : Bonjour, bien sûr, les voici.

Marc: Hello, of course, here they are.

Agent : Merci. Vous voyagez vers Paris, c'est bien cela ?

Agent: Thank you. You're traveling to Paris, is that correct?

Marc : Oui, c'est correct.

Marc: Yes, that's correct.

Agent : Avez-vous des bagages à enregistrer ?

Agent: Do you have any luggage to check in?

Marc : Oui, j'ai une valise.

Marc: Yes, I have one suitcase.

Agent : Très bien. Posez-la sur la balance, s'il vous plaît.

Agent: Very well. Please place it on the scale.

(Marc pose la valise sur la balance)

(Marc places the suitcase on the scale)

Agent : Parfait, votre valise est dans la limite de poids. Voulez-vous un siège côté hublot ou côté couloir ?

Agent: Perfect, your suitcase is within the weight limit. Would you like a window seat or an aisle seat?

Marc : Côté hublot, s'il vous plaît.

Marc: Window seat, please.

Agent : C'est noté. Voici votre carte d'embarquement. Votre vol part de la porte A12, l'embarquement commence à 14h30.

Agent: Noted. Here is your boarding pass. Your flight departs from gate A12, and boarding begins at 2:30 PM.

Marc : Merci beaucoup !

Marc: Thank you very much!

Agent : De rien. Passez un bon vol et bon voyage !

Agent: You're welcome. Have a good flight and a pleasant trip!

Marc : Merci, bonne journée !

Marc: Thank you, have a nice day!

Agent : Bonne journée à vous aussi !

Agent: Have a nice day too!

À la gare

Agent : Bonjour, je peux vous aider ?

Agent: Hello, can I help you?

Pauline : Bonjour, oui, je voudrais acheter un billet pour Lyon, s'il vous plaît.

Pauline: Hello, yes, I'd like to buy a ticket to Lyon, please.

Agent : C'est pour aujourd'hui ?

Agent: Is it for today?

Pauline : Oui, pour cet après-midi.

Pauline: Yes, for this afternoon.

Agent : Très bien, il y a un train à 15h30. Ça vous convient ?

Agent: Very well, there's a train at 3:30 PM. Does that work for you?

Pauline : Oui, c'est parfait. Combien coûte le billet ?

Pauline: Yes, that's perfect. How much is the ticket?

Agent : Cela fait 45 euros.

Agent: That will be 45 euros.

Pauline : Je peux payer par carte ?

Pauline: Can I pay by card?

Agent : Oui, bien sûr.

Agent: Yes, of course.

(Pauline paie avec sa carte)

(Pauline pays with her card)

Agent : Voici votre billet. Le train partira de la voie 7. L'embarquement commence 20 minutes avant le départ.

Agent: Here is your ticket. The train will depart from platform 7. Boarding starts 20 minutes before departure.

Pauline : Merci beaucoup !

Pauline: Thank you very much!

Agent : Avec plaisir. Bon voyage !

Agent: My pleasure. Have a good trip!

Pauline : Merci, bonne journée !

Pauline: Thank you, have a nice day!

Agent : Bonne journée à vous aussi !

Agent: Have a nice day too!

Acheter un billet de train

Guichetier : Bonjour, je peux vous aider ?

Ticket agent: Hello, can I help you?

Sophie : Bonjour, je voudrais acheter un billet pour Paris, s'il vous plaît.

Sophie: Hello, I'd like to buy a ticket to Paris, please.

Guichetier : C'est pour aujourd'hui ?

Ticket agent: Is it for today?

Sophie : Oui, pour cet après-midi.

Sophie: Yes, for this afternoon.

Guichetier : Très bien, il y a un train à 16h. Vous préférez un billet en première ou en deuxième classe ?

Ticket agent: Very well, there's a train at 4 PM. Do you prefer a ticket in first or second class?

Sophie : En deuxième classe, s'il vous plaît.

Sophie: Second class, please.

Guichetier : D'accord, le billet coûte 50 euros.

Ticket agent: Alright, the ticket costs 50 euros.

Sophie : Je peux payer par carte ?

Sophie: Can I pay by card?

Guichetier : Oui, bien sûr.

Ticket agent: Yes, of course.

(Sophie paie avec sa carte)

(Sophie pays with her card)

Guichetier : Voici votre billet. Le train part de la voie 4.

Ticket agent: Here is your ticket. The train departs from platform 4.

Sophie : Merci beaucoup !

Sophie: Thank you very much!

Guichetier : Avec plaisir. Bon voyage et bonne journée !

Ticket agent: My pleasure. Have a good trip and a nice day!

Sophie : Merci, bonne journée à vous aussi !

Sophie: Thank you, have a nice day too!

À l'arrêt de bus

Pierre : Bonjour, excusez-moi, vous savez à quelle heure passe le prochain bus ?

Pierre: Hello, excuse me, do you know what time the next bus comes?

Sophie : Bonjour, je crois qu'il passe à 10h30.

Sophie: Hello, I think it comes at 10:30.

Pierre : D'accord, merci. Ce bus va bien au centre-ville, non ?

Pierre: Alright, thank you. This bus does go to the city center, right?

Sophie : Oui, c'est ça, il s'arrête au centre-ville.

Sophie: Yes, that's right, it stops in the city center.

Pierre : Parfait. Est-ce qu'il faut acheter un billet avant de monter ?

Pierre: Perfect. Do you need to buy a ticket before boarding?

Sophie : Non, vous pouvez acheter le billet directement dans le bus.

Sophie: No, you can buy the ticket directly on the bus.

Pierre : Très bien, merci pour l'information !

Pierre: Very well, thanks for the information!

Sophie : De rien, pas de souci. Vous attendez le bus depuis longtemps ?

Sophie: You're welcome, no problem. Have you been waiting for the bus long?

Pierre : Non, je viens juste d'arriver.

Pierre: No, I just got here.

Sophie : Ah, ça va alors. Il ne devrait pas tarder.

Sophie: Ah, that's good then. It shouldn't be long.

(Le bus arrive)

(The bus arrives)

Pierre : Ah, voilà le bus. Merci encore pour votre aide !

Pierre: Ah, here's the bus. Thanks again for your help!

Sophie : Avec plaisir, bonne journée !

Sophie: My pleasure, have a nice day!

Pierre : Bonne journée à vous aussi !

Pierre: Have a nice day too!

Appeler le service client

Agent : Service client, bonjour. Comment puis-je vous aider ?

Agent: Customer service, hello. How can I help you?

Claire : Bonjour, j'ai un problème avec ma commande.

Claire: Hello, I have a problem with my order.

Agent : Je suis désolé d'entendre ça. Pouvez-vous me donner votre numéro de commande, s'il vous plaît ?

Agent: I'm sorry to hear that. Could you give me your order number, please?

Claire : Oui, c'est le numéro 123456.

Claire: Yes, it's number 123456.

Agent : Merci. Quel est le problème exactement ?

Agent: Thank you. What exactly is the issue?

Claire : J'ai reçu le mauvais article. J'ai commandé un livre, mais j'ai reçu un DVD.

Claire: I received the wrong item. I ordered a book, but I got a DVD.

Agent : Ah, je vois. Je m'excuse pour cette erreur. Nous allons vous envoyer le bon article.

Agent: Ah, I see. I apologize for this mistake. We'll send you the correct item.

Claire : Merci. Que dois-je faire avec le DVD ?

Claire: Thank you. What should I do with the DVD?

Agent : Vous pouvez le renvoyer avec l'étiquette de retour que nous allons vous envoyer par e-mail.

Agent: You can send it back with the return label we'll send you by email.

Claire : D'accord, merci beaucoup.

Claire: Okay, thank you very much.

Agent : De rien. Vous recevrez le bon article dans trois à cinq jours.

Agent: You're welcome. You'll receive the correct item in three to five days.

Claire : Parfait, merci pour votre aide !

Claire: Perfect, thank you for your help!

Agent : Avec plaisir. Si vous avez d'autres questions, n'hésitez pas à nous rappeler.

Agent: My pleasure. If you have any other questions, feel free to call us again.

Claire : Je le ferai. Bonne journée !

Claire: I will. Have a nice day!

Agent : Bonne journée à vous aussi, au revoir !

Agent: Have a nice day too, goodbye!

Claire : Au revoir !

Claire: Goodbye!

Signaler un objet perdu

Agent : Service des objets trouvés, bonjour. Comment puis-je vous aider ?

Agent: Lost and found service, hello. How can I help you?

Marc : Bonjour, j'ai perdu mon portefeuille ce matin.

Marc: Hello, I lost my wallet this morning.

Agent : Je suis désolé d'apprendre cela. Où l'avez-vous perdu ?

Agent: I'm sorry to hear that. Where did you lose it?

Marc : Je pense l'avoir perdu dans le bus.

Marc: I think I lost it on the bus.

Agent : D'accord, pouvez-vous me décrire votre portefeuille ?

Agent: Okay, can you describe your wallet?

Marc : Oui, c'est un portefeuille noir en cuir avec mes cartes et un peu d'argent à l'intérieur.

Marc: Yes, it's a black leather wallet with my cards and some cash inside.

Agent : Très bien. Laissez-moi vérifier si quelqu'un l'a rapporté.

Agent: Very well. Let me check if someone has turned it in.

(L'agent vérifie dans le système)

(The agent checks the system)

Agent : Je suis désolé, nous n'avons pas encore reçu de portefeuille correspondant à cette description.

Agent: I'm sorry, we haven't received a wallet matching that description yet.

Marc : Oh, d'accord. Que dois-je faire maintenant ?

Marc: Oh, okay. What should I do now?

Agent : Vous pouvez remplir un formulaire avec vos informations. Si quelqu'un trouve votre portefeuille, nous vous contacterons.

Agent: You can fill out a form with your information. If someone finds your wallet, we'll contact you.

Marc : D'accord, merci. Comment puis-je remplir ce formulaire ?

Marc: Okay, thank you. How can I fill out this form?

Agent : Je vais vous envoyer le lien par e-mail, ou vous pouvez passer directement à notre bureau.

Agent: I'll send you the link by email, or you can come directly to our office.

Marc : Je préfère le lien par e-mail, merci.

Marc: I prefer the link by email, thank you.

Agent : Très bien. Vous devriez le recevoir dans quelques minutes.

Agent: Very well. You should receive it in a few minutes.

Marc : Merci beaucoup pour votre aide !

Marc: Thank you very much for your help!

Agent : De rien. J'espère que vous retrouverez votre portefeuille rapidement.

Agent: You're welcome. I hope you find your wallet soon.

Marc : Merci, je l'espère aussi. Bonne journée !

Marc: Thank you, I hope so too. Have a nice day!

Agent : Bonne journée à vous aussi !

Agent: Have a nice day too!

Faire une réservation au restaurant

Réceptionniste : Bonjour, Restaurant Le Gourmet, comment puis-je vous aider ?

Receptionist: Hello, Restaurant Le Gourmet, how can I help you?

Sophie : Bonjour, je voudrais réserver une table pour ce soir, s'il vous plaît.

Sophie: Hello, I'd like to reserve a table for tonight, please.

Réceptionniste : Bien sûr, pour combien de personnes ?

Receptionist: Of course, for how many people?

Sophie : Pour quatre personnes.

Sophie: For four people.

Réceptionniste : À quelle heure souhaitez-vous venir ?

Receptionist: What time would you like to come?

Sophie : À 19h30, s'il vous plaît.

Sophie: At 7:30 PM, please.

Réceptionniste : Très bien, une table pour quatre personnes à 19h30. Pouvez-vous me donner votre nom, s'il vous plaît ?

Receptionist: Very well, a table for four people at 7:30 PM. Can you give me your name, please?

Sophie : Oui, c'est Sophie Martin.

Sophie: Yes, it's Sophie Martin.

Réceptionniste : Merci, madame Martin. Votre table est réservée. Nous vous attendons ce soir à 19h30.

Receptionist: Thank you, Mrs. Martin. Your table is reserved. We'll expect you tonight at 7:30 PM.

Sophie : Merci beaucoup !

Sophie: Thank you very much!

Réceptionniste : Avec plaisir. Bonne journée !

Receptionist: My pleasure. Have a nice day!

Sophie : Bonne journée à vous aussi, au revoir !

Sophie: Have a nice day too, goodbye!

Réceptionniste : Au revoir !

Receptionist: Goodbye!

Parler du temps

Julie : Salut, Paul ! Comment ça va ?

Julie: Hi, Paul! How are you?

Paul : Salut, Julie ! Ça va bien, merci. Et toi ?

Paul: Hi, Julie! I'm good, thanks. And you?

Julie : Ça va aussi. Il fait beau aujourd'hui, n'est-ce pas ?

Julie: I'm good too. It's a beautiful day today, isn't it?

Paul : Oui, il fait vraiment beau. J'adore quand il y a du soleil. C'est agréable après toute cette pluie.

Paul: Yes, it's really nice. I love it when it's sunny. It's nice after all that rain.

Julie : Oui, il pleuvait beaucoup la semaine dernière. Je préfère les journées ensoleillées, surtout au printemps.

Julie: Yes, it rained a lot last week. I prefer sunny days, especially in the spring.

Paul : Moi aussi. En été, il fait souvent très chaud ici. Tu aimes l'été ?

Paul: Me too. In summer, it's often very hot here. Do you like summer?

Julie : Oui, mais parfois il fait trop chaud ! L'année dernière, en juillet, il faisait 35 degrés tous les jours.

Julie: Yes, but sometimes it's too hot! Last year, in July, it was 35 degrees every day.

Paul : Oui, c'était vraiment chaud. Mais c'est parfait pour aller à la plage !

Paul: Yes, it was really hot. But it's perfect for going to the beach!

Julie : Exactement. Et l'automne, tu aimes ça ?

Julie: Exactly. And autumn, do you like it?

Paul : Oui, j'aime bien l'automne. Il ne fait ni trop chaud ni trop froid, et les arbres sont magnifiques avec les feuilles rouges et oranges.

Paul: Yes, I like autumn. It's neither too hot nor too cold, and the trees are beautiful with the red and orange leaves.

Julie : C'est vrai, l'automne est très joli. Mais je n'aime pas quand il commence à pleuvoir beaucoup.

Julie: That's true, autumn is very pretty. But I don't like it when it starts raining a lot.

Paul : Oui, je comprends. Et l'hiver ? Tu aimes la neige ?

Paul: Yes, I understand. And winter? Do you like the snow?

Julie : Pas vraiment, je n'aime pas trop le froid. Mais c'est joli quand tout est blanc et calme.

Julie: Not really, I don't like the cold much. But it's pretty when everything is white and calm.

Paul : Moi, j'adore la neige, surtout pour faire du ski ! Mais l'hiver peut être long.

Paul: I love snow, especially for skiing! But winter can be long.

Julie : Oui, après quelques semaines, j'attends le printemps avec impatience.

Julie: Yes, after a few weeks, I look forward to spring.

Paul : C'est vrai, au printemps, tout commence à fleurir, et les journées sont plus longues.

Paul: That's true, in spring, everything starts blooming, and the days are longer.

Julie : Oui, c'est agréable quand il commence à faire plus doux. Le printemps et l'été sont mes saisons préférées.

Julie: Yes, it's nice when it starts to get milder. Spring and summer are my favorite seasons.

Paul : Moi aussi, j'aime quand il fait beau, mais un peu de neige en hiver, c'est bien aussi.

Paul: Me too, I like nice weather, but a little snow in winter is good too.

Julie : Oui, un peu de tout, c'est parfait finalement !

Julie: Yes, a little of everything is perfect in the end!

Visiter un musée

Emma : Salut, Maxime ! Tu as déjà visité ce musée ?

Emma: Hi, Maxime! Have you visited this museum before?

Maxime : Salut, Emma ! Non, c'est la première fois. Et toi ?

Maxime: Hi, Emma! No, it's my first time. What about you?

Emma : Moi aussi. On m'a dit qu'il y a une exposition intéressante sur les impressionnistes.

Emma: Me too. I heard there's an interesting exhibition on the Impressionists.

Maxime : Ah oui ? J'adore les impressionnistes, surtout Monet et Renoir. Tu les aimes aussi ?

Maxime: Oh, really? I love the Impressionists, especially Monet and Renoir. Do you like them too?

Emma : Oui, j'aime beaucoup leurs tableaux. La lumière et les couleurs sont magnifiques.

Emma: Yes, I really like their paintings. The light and the colors are beautiful.

Maxime : Oui, exactement ! Tu sais combien coûte l'entrée ?

Maxime: Yes, exactly! Do you know how much the entrance fee is?

Emma : Je crois que c'est 12 euros pour les adultes et 8 euros pour les étudiants.

Emma: I think it's 12 euros for adults and 8 euros for students.

Maxime : D'accord. Allons acheter nos billets à l'accueil.

Maxime: Alright. Let's buy our tickets at the front desk.

(Quelques minutes plus tard)

(A few minutes later)

Maxime : Super, nous avons nos billets. Par où on commence ?

Maxime: Great, we have our tickets. Where should we start?

Emma : Il y a une exposition permanente sur l'histoire de l'art au premier étage. On pourrait commencer par là, puis voir l'exposition temporaire sur les impressionnistes après.

Emma: There's a permanent exhibition on the history of art on the first floor. We could start there, then see the temporary exhibition on the Impressionists afterward.

Maxime : Oui, bonne idée !

Maxime: Yes, good idea!

(Après avoir visité l'exposition permanente)

(After visiting the permanent exhibition)

Emma : C'était vraiment intéressant de voir l'évolution de l'art à travers les siècles. J'ai particulièrement aimé les tableaux du 18e siècle.

Emma: It was really interesting to see the evolution of art through the centuries. I especially liked the paintings from the 18th century.

Maxime : Oui, moi aussi. J'ai appris plein de choses. Tu savais que certains artistes peignaient directement sur le bois, pas sur la toile ?

Maxime: Yes, me too. I learned a lot. Did you know that some artists painted directly on wood, not on canvas?

Emma : Non, je ne savais pas. C'est fascinant ! Prêt pour l'exposition sur les impressionnistes ?

Emma: No, I didn't know that. It's fascinating! Ready for the Impressionists exhibition?

Maxime : Oui, allons-y !

Maxime: Yes, let's go!

(En visitant l'exposition sur les impressionnistes)

(While visiting the Impressionist exhibition)

Emma : Regarde ce tableau de Monet, "Les Nymphéas". C'est incroyable, non ?

Emma: Look at this painting by Monet, "Water Lilies". It's amazing, isn't it?

Maxime : Oui, c'est magnifique. J'aime beaucoup la façon dont il utilise la lumière et les reflets sur l'eau.

Maxime: Yes, it's beautiful. I really like how he uses light and reflections on the water.

Emma : C'est vrai. Les couleurs sont si douces. C'est apaisant à regarder.

Emma: That's true. The colors are so soft. It's soothing to look at.

Maxime : Regarde celui-ci, de Renoir. Les portraits qu'il fait sont tellement vivants !

Maxime: Look at this one by Renoir. The portraits he paints are so full of life!

Emma : Oui, c'est impressionnant. Tu as un peintre préféré parmi les impressionnistes ?

Emma: Yes, it's impressive. Do you have a favorite painter among the Impressionists?

Maxime : Probablement Monet, à cause de ses paysages. Et toi ?

Maxime: Probably Monet, because of his landscapes. What about you?

Emma : Moi aussi, mais j'aime bien Degas aussi, surtout pour ses peintures de danseuses.

Emma: Me too, but I also really like Degas, especially for his paintings of dancers.

Maxime : Oui, ses tableaux sont superbes. On devrait peut-être revenir une autre fois, il y a tellement à voir ici !

Maxime: Yes, his paintings are wonderful. We should come back another time, there's so much to see here!

Emma : Oui, absolument ! On pourrait aussi faire un tour à la boutique du musée avant de partir.

Emma: Yes, absolutely! We could also take a look at the museum shop before we leave.

Maxime : Bonne idée, j'aimerais acheter un souvenir, peut-être une reproduction d'un tableau.

Maxime: Good idea, I'd like to buy a souvenir, maybe a reproduction of a painting.

Emma : Oui, ou un livre sur l'art. Allons-y avant que le musée ferme.

Emma: Yes, or a book on art. Let's go before the museum closes.

À une fête d'anniversaire

Sophie : Salut, Julien ! Ça fait plaisir de te voir ici !

Sophie: Hi, Julien! It's great to see you here!

Julien : Salut, Sophie ! Oui, ça fait longtemps. Comment ça va ?

Julien: Hi, Sophie! Yes, it's been a while. How are you?

Sophie : Ça va bien, merci. Et toi ?

Sophie: I'm good, thanks. And you?

Julien : Ça va aussi. Alors, c'est super qu'on soit tous réunis pour l'anniversaire de Claire !

Julien: I'm good too. It's great that we're all together for Claire's birthday!

Sophie : Oui, elle va être tellement surprise ! Tu lui as déjà offert ton cadeau ?

Sophie: Yes, she's going to be so surprised! Did you give her your gift yet?

Julien : Pas encore, je vais lui donner tout à l'heure. Et toi, qu'est-ce que tu lui as pris ?

Julien: Not yet, I'll give it to her later. And you, what did you get her?

Sophie : Je lui ai acheté un livre qu'elle voulait lire depuis longtemps. Elle adore les romans historiques.

Sophie: I bought her a book she's been wanting to read for a long time. She loves historical novels.

Julien : Ah oui, elle en parle tout le temps ! Moi, je lui ai pris un beau carnet pour ses dessins, elle aime tellement dessiner.

Julien: Oh yes, she talks about them all the time! I got her a nice sketchbook for her drawings; she loves to draw.

Sophie : C'est une bonne idée ! Tu penses qu'elle va l'aimer ?

Sophie: That's a great idea! Do you think she'll like it?

Julien : J'espère ! En tout cas, la fête est sympa, non ?

Julien: I hope so! Anyway, the party is nice, right?

Sophie : Oui, la décoration est très jolie, et regarde ce gâteau ! Il a l'air délicieux !

Sophie: Yes, the decorations are very pretty, and look at that cake! It looks delicious!

Julien : Oui, j'ai hâte d'y goûter. C'est Claire qui l'a fait elle-même ?

Julien: Yes, I can't wait to try it. Did Claire make it herself?

Sophie : Non, je crois que c'est sa sœur qui l'a préparé. Elle adore faire des gâteaux.

Sophie: No, I think her sister made it. She loves baking cakes.

Julien : Ah, d'accord. En tout cas, je suis content d'être là. Ça fait du bien de revoir tout le monde.

Julien: Ah, okay. Anyway, I'm glad to be here. It's nice to see everyone again.

Sophie : Oui, c'est vrai. Et la musique est sympa aussi, ça met de l'ambiance.

Sophie: Yes, that's true. And the music is nice too, it creates a great atmosphere.

Julien : Oui, tu as dansé un peu ?

Julien: Yes, did you dance a bit?

Sophie : Pas encore, mais je pense que je vais y aller bientôt. Et toi, tu vas danser ?

Sophie: Not yet, but I think I'll go soon. And you, are you going to dance?

Julien : Peut-être, je ne suis pas très bon en danse, mais pourquoi pas ?

Julien: Maybe, I'm not very good at dancing, but why not?

(Claire arrive, tout le monde se regroupe)

(Claire arrives, everyone gathers around)

Tous : Joyeux anniversaire, Claire !

Everyone: Happy birthday, Claire!

Claire : Merci à tous ! Je suis tellement surprise et contente que vous soyez tous là !

Claire: Thank you, everyone! I'm so surprised and happy that you're all here!

Sophie : Joyeux anniversaire, Claire ! J'espère que tu vas passer une super soirée.

Sophie: Happy birthday, Claire! I hope you have a great evening.

Claire : Merci, Sophie ! Je suis sûre que ça va être une soirée inoubliable.

Claire: Thank you, Sophie! I'm sure it's going to be an unforgettable evening.

Julien : Joyeux anniversaire, Claire ! Voici un petit cadeau pour toi.

Julien: Happy birthday, Claire! Here's a little gift for you.

Claire : Merci beaucoup, Julien ! C'est gentil. Je vais l'ouvrir un peu plus tard.

Claire: Thank you very much, Julien! That's so nice. I'll open it a little later.

Sophie : Oui, attends le moment des cadeaux ! On va aussi prendre des photos.

Sophie: Yes, wait for the gift moment! We'll also take some pictures.

Claire : Bonne idée ! Allez, maintenant tout le monde doit venir danser avec moi !

Claire: Good idea! Come on, now everyone has to come dance with me!

Julien : Ah, d'accord, je me lance !

Julien: Ah, alright, I'm in!

À un mariage

Julie : Salut, Marc ! Quelle belle cérémonie, non ?

Julie: Hi, Marc! What a beautiful ceremony, right?

Marc : Salut, Julie ! Oui, c'était magnifique. La mariée était superbe !

Marc: Hi, Julie! Yes, it was magnificent. The bride was stunning!

Julie : Oh oui, sa robe est tellement élégante. Et le décor aussi, c'est très bien fait.

Julie: Oh yes, her dress is so elegant. And the decor too, it's very well done.

Marc : Absolument, tout est parfait ! Je trouve que la cérémonie était vraiment émouvante.

Marc: Absolutely, everything is perfect! I thought the ceremony was really moving.

Julie : Oui, j'ai même versé une petite larme ! Tu connais bien les mariés ?

Julie: Yes, I even shed a little tear! Do you know the bride and groom well?

Marc : Oui, je suis un ami d'enfance du marié. On se connaît depuis qu'on est tout petits. Et toi ?

Marc: Yes, I'm a childhood friend of the groom. We've known each other since we were little. And you?

Julie : Moi, je suis une amie de la mariée, on travaille ensemble depuis quelques années.

Julie: I'm a friend of the bride; we've worked together for a few years.

Marc : Ah, d'accord. Tu as déjà donné ton cadeau ?

Marc: Ah, okay. Have you given your gift yet?

Julie : Oui, je l'ai laissé sur la table avec les autres. J'ai choisi un beau vase en cristal. Et toi, tu as offert quoi ?

Julie: Yes, I left it on the table with the others. I chose a beautiful crystal vase. And you, what did you give?

Marc : J'ai contribué à leur liste de mariage. Ils voulaient des choses pour leur nouvelle maison.

Marc: I contributed to their wedding registry. They wanted things for their new house.

Julie : C'est une bonne idée ! C'est pratique pour eux.

Julie: That's a good idea! It's practical for them.

(Les mariés arrivent à la réception)

(The bride and groom arrive at the reception)

Tous : Félicitations !

Everyone: Congratulations!

Marie (la mariée) : Merci à tous d'être ici avec nous !

Marie (the bride): Thank you all for being here with us!

Jean (le marié) : Oui, merci beaucoup ! Nous sommes très heureux de partager ce moment avec vous.

Jean (the groom): Yes, thank you so much! We're so happy to share this moment with you.

Julie : Félicitations, Marie ! Tu es magnifique aujourd'hui.

Julie: Congratulations, Marie! You look gorgeous today.

Marie : Merci beaucoup, Julie ! Ça me fait tellement plaisir que tu sois venue.

Marie: Thank you so much, Julie! I'm so happy you came.

Marc : Félicitations, Jean ! Vous êtes un beau couple.

Marc: Congratulations, Jean! You're a beautiful couple.

Jean : Merci, Marc ! Je suis ravi que tu sois là.

Jean: Thanks, Marc! I'm glad you're here.

(Un peu plus tard, pendant la réception)

(A little later, during the reception)

Julie : Alors, tu as vu le buffet ? Il y a tellement de choix !

Julie: So, did you see the buffet? There are so many options!

Marc : Oui, c'est impressionnant. Je ne sais pas par quoi commencer !

Marc: Yes, it's impressive. I don't know where to start!

Julie : Moi non plus. Mais les petits fours ont l'air délicieux.

Julie: Me neither. But the appetizers look delicious.

Marc : J'ai entendu dire qu'il y a un grand gâteau pour plus tard.

Marc: I heard there's a big cake for later.

Julie : Oui, je l'ai vu, il est énorme ! Ça va être sympa de voir la découpe du gâteau.

Julie: Yes, I saw it, it's huge! It's going to be fun to see the cake cutting.

Marc : Oui, c'est toujours un moment amusant. Et après, il y aura de la musique pour danser, non ?

Marc: Yes, it's always a fun moment. And afterward, there'll be music for dancing, right?

Julie : Oui, apparemment il y a un DJ. Tu aimes danser ?

Julie: Yes, apparently there's a DJ. Do you like dancing?

Marc : Pas vraiment, mais je vais essayer de me lancer. Toi, tu danses ?

Marc: Not really, but I'll try to give it a go. Do you dance?

Julie : Oui, j'adore ça ! Je vais sûrement danser toute la soirée.

Julie: Yes, I love it! I'll probably be dancing all night.

Marc : Bon, alors je te suivrai sur la piste de danse !

Marc: Well, then I'll follow you onto the dance floor!

Julie : Parfait, on va bien s'amuser !

Julie: Perfect, we're going to have a great time!

Lors d'un repas en famille

Maman : Tout le monde est à table ?

Mom: Is everyone at the table?

Papa : Oui, on est prêts ! Le dîner a l'air délicieux. Qu'est-ce que tu as préparé ?

Dad: Yes, we're ready! The dinner looks delicious. What did you make?

Maman : J'ai fait un poulet rôti avec des légumes. C'est la recette de ta mère, tu te souviens ?

Mom: I made roast chicken with vegetables. It's your mother's recipe, remember?

Papa : Ah oui, j'adore cette recette ! Les enfants, servez-vous.

Dad: Oh yes, I love that recipe! Kids, help yourselves.

Lucie : Maman, ça sent super bon ! Tu peux me passer les pommes de terre, s'il te plaît ?

Lucie: Mom, it smells so good! Can you pass me the potatoes, please?

Maman : Bien sûr, les voici. Et n'oublie pas de prendre aussi des légumes.

Mom: Of course, here they are. And don't forget to take some vegetables too.

Lucie : Oui, merci.

Lucie: Yes, thank you.

Théo : Papa, tu peux me passer la sauce, s'il te plaît ?

Théo: Dad, can you pass me the sauce, please?

Papa : Voilà la sauce. Fais attention, c'est un peu chaud.

Dad: Here's the sauce. Be careful, it's a bit hot.

Lucie : Alors, Théo, comment ça se passe à l'école ?

Lucie: So, Théo, how's school going?

Théo : Ça va bien, merci. On a beaucoup de devoirs en ce moment, mais ça va.

Théo: It's going well, thanks. We have a lot of homework right now, but it's okay.

Maman : Et toi, Lucie, comment ça se passe à l'université ?

Mom: And you, Lucie, how's university going?

Lucie : Ça va, j'ai des examens bientôt, donc je dois beaucoup réviser.

Lucie: It's going well, I have exams soon, so I need to study a lot.

Papa : Bon courage pour les révisions ! Tu vas réussir, comme d'habitude.

Dad: Good luck with your studying! You'll do well, as usual.

Lucie : Merci, j'espère !

Lucie: Thanks, I hope so!

Maman : Qui veut du dessert ? J'ai fait une tarte aux pommes maison.

Mom: Who wants dessert? I made a homemade apple pie.

Théo : Moi ! J'adore la tarte aux pommes.

Théo: Me! I love apple pie.

Lucie : Moi aussi ! Maman, tu fais toujours les meilleurs desserts.

Lucie: Me too! Mom, you always make the best desserts.

Maman : Merci, je suis contente que ça vous plaise.

Mom: Thank you, I'm glad you like it.

Papa : Allez, tout le monde prend une part de tarte, et on peut trinquer à ce bon repas.

Dad: Alright, everyone grab a piece of pie, and we can toast to this great meal.

Lucie : À la santé de toute la famille !

Lucie: To the health of the whole family!

Théo : Et à la tarte aux pommes !

Théo: And to the apple pie!

Tous : (rires)

Everyone: (laughs)

Maman : C'est vraiment agréable de se retrouver tous ensemble pour un bon repas en famille.

Mom: It's really nice to all be together for a good family meal.

Papa : Oui, c'est important de passer du temps ensemble.

Dad: Yes, it's important to spend time together.

Lucie : C'est vrai, avec les cours et le travail, on n'a pas souvent l'occasion de tous se voir.

Lucie: That's true, with school and work, we don't often get the chance to see each other.

Théo : On devrait faire ça plus souvent !

Théo: We should do this more often!

Maman : Oui, c'est une bonne idée. La prochaine fois, on fera un barbecue dans le jardin.

Mom: Yes, that's a good idea. Next time, we'll have a barbecue in the garden.

Papa : Parfait, je m'occupe du barbecue !

Dad: Perfect, I'll take care of the barbecue!

Inviter quelqu'un à prendre un café

Sophie : Salut, Marc ! Comment ça va ?

Sophie: Hi, Marc! How are you?

Marc : Salut, Sophie ! Ça va bien, merci. Et toi ?

Marc: Hi, Sophie! I'm fine, thanks. And you?

Sophie : Ça va bien aussi, merci. Dis-moi, ça te dirait de prendre un café ensemble un de ces jours ?

Sophie: I'm good too, thanks. Tell me, would you like to grab a coffee together one of these days?

Marc : Oui, avec plaisir ! Quand est-ce que tu es disponible ?

Marc: Yes, with pleasure! When are you available?

Sophie : Je suis libre cet après-midi ou demain matin, si ça te va.

Sophie: I'm free this afternoon or tomorrow morning, if that works for you.

Marc : Cet après-midi, c'est parfait pour moi. À quelle heure tu veux qu'on se retrouve ?

Marc: This afternoon is perfect for me. What time do you want to meet?

Sophie : Que dirais-tu de 15 heures ?

Sophie: How about 3 PM?

Marc : 15 heures, c'est parfait. On se retrouve où ?

Marc: 3 PM is perfect. Where should we meet?

Sophie : Il y a un petit café sympa près du parc, ça te dit ?

Sophie: There's a nice little café near the park, sound good?

Marc : Oui, je vois où c'est. Ça me va.

Marc: Yes, I know where that is. That works for me.

Sophie : Super, alors rendez-vous à 15 heures là-bas !

Sophie: Great, see you there at 3 PM!

Marc : D'accord, à tout à l'heure.

Marc: Alright, see you later.

(Plus tard, au café)

(Later, at the café)

Marc : Salut, Sophie ! Tu es arrivée depuis longtemps ?

Marc: Hi, Sophie! Have you been here long?

Sophie : Salut, Marc ! Non, je viens juste d'arriver.

Sophie: Hi, Marc! No, I just got here.

Marc : Parfait. Qu'est-ce que tu prends ?

Marc: Perfect. What are you having?

Sophie : Je pense que je vais prendre un café au lait. Et toi ?

Sophie: I think I'll have a latte. And you?

Marc : Moi, je vais prendre un expresso.

Marc: I'll have an espresso.

(Le serveur arrive)

(The waiter arrives)

Serveur : Bonjour, qu'est-ce que je vous sers ?

Waiter: Hello, what can I get you?

Sophie : Un café au lait, s'il vous plaît.

Sophie: A latte, please.

Marc : Et pour moi, un expresso, merci.

Marc: And for me, an espresso, thank you.

Serveur : Très bien, je vous apporte ça tout de suite.

Waiter: Very well, I'll bring that right away.

Sophie : Alors, quoi de neuf ?

Sophie: So, what's new?

Marc : Pas grand-chose, je travaille beaucoup en ce moment. Et toi ?

Marc: Not much, I'm working a lot at the moment. And you?

Sophie : Pareil, entre le travail et les études, je suis bien occupée.

Sophie: Same, between work and studying, I'm pretty busy.

Marc : Ah oui, c'est toujours difficile de trouver du temps pour se détendre.

Marc: Yeah, it's always hard to find time to relax.

(Le serveur revient avec les boissons)

(The waiter returns with the drinks)

Serveur : Voilà pour vous, un café au lait et un expresso.

Waiter: Here you go, a latte and an espresso.

Marc : Merci !

Marc: Thank you!

Sophie : Merci beaucoup !

Sophie: Thank you very much!

Marc : Alors, tu as des plans pour ce week-end ?

Marc: So, do you have any plans for the weekend?

Sophie : Oui, je vais voir des amis. Et toi ?

Sophie: Yes, I'm going to see some friends. And you?

Marc : Je pense que je vais aller faire une randonnée. Ça me fait toujours du bien de prendre l'air.

Marc: I think I'm going to go for a hike. It always feels good to get some fresh air.

Sophie : Ça a l'air sympa ! Peut-être qu'on pourrait se retrouver de nouveau la semaine prochaine pour un autre café ?

Sophie: That sounds nice! Maybe we could meet again next week for another coffee?

Marc : Oui, ça me ferait plaisir !

Marc: Yes, I'd love that!

Sophie : Parfait, on se tient au courant.

Sophie: Perfect, we'll keep in touch.

Marc : D'accord, à bientôt alors !

Marc: Alright, see you soon then!

Sophie : À bientôt, Marc !

Sophie: See you soon, Marc!

Parler des plans pour le week-end

Claire : Salut, Julien ! Qu'est-ce que tu fais ce week-end ?

Claire: Hi, Julien! What are you doing this weekend?

Julien : Salut, Claire ! Pour l'instant, je n'ai rien de prévu. Et toi, tu as des plans ?

Julien: Hi, Claire! For now, I don't have anything planned. And you, do you have plans?

Claire : Oui, je vais faire un pique-nique avec des amis samedi après-midi. Ça te dirait de venir avec nous ?

Claire: Yes, I'm going on a picnic with friends on Saturday afternoon. Would you like to come with us?

Julien : Ça a l'air sympa ! Où est-ce que vous allez ?

Julien: That sounds nice! Where are you going?

Claire : On va au parc près de chez moi, celui avec le grand lac. On commence vers 13 heures.

Claire: We're going to the park near my place, the one with the big lake. We'll start around 1 PM.

Julien : Super, je viendrai ! Je dois apporter quelque chose ?

Julien: Great, I'll come! Should I bring something?

Claire : Si tu veux, tu peux apporter une boisson ou un dessert.

Claire: If you want, you can bring a drink or a dessert.

Julien : D'accord, je vais préparer un gâteau.

Julien: Okay, I'll make a cake.

Claire : Génial ! Et dimanche, tu as quelque chose de prévu ?

Claire: Great! And Sunday, do you have anything planned?

Julien : Non, rien du tout. Je pensais peut-être aller faire une randonnée. Tu veux te joindre à moi ?

Julien: No, nothing at all. I was thinking of maybe going for a hike. Do you want to join me?

Claire : Oui, pourquoi pas ? Où est-ce que tu comptes aller ?

Claire: Yes, why not? Where are you thinking of going?

Julien : J'avais pensé au sentier dans la forêt, à une demi-heure d'ici. C'est un bel endroit, et il ne fait pas trop chaud en ce moment.

Julien: I was thinking of the trail in the forest, about half an hour from here. It's a beautiful spot, and it's not too hot right now.

Claire : Ça me semble parfait ! On pourrait partir le matin, vers 9 heures ?

Claire: That sounds perfect! We could leave in the morning, around 9 AM?

Julien : Oui, ça me va. On pourra marcher tranquillement et profiter de la nature.

Julien: Yes, that works for me. We can walk at a nice pace and enjoy nature.

Claire : Oui, ça va être agréable. Et après la randonnée, on pourrait prendre un café quelque part.

Claire: Yes, it's going to be nice. And after the hike, we could grab a coffee somewhere.

Julien : Bonne idée ! J'ai entendu parler d'un nouveau café près de la gare, on pourrait essayer ça.

Julien: Good idea! I've heard about a new café near the station, we could try that.

Claire : Parfait, j'ai hâte d'y être.

Claire: Perfect, I'm looking forward to it.

Julien : Moi aussi ! Alors, samedi pour le pique-nique, et dimanche pour la randonnée. C'est un bon programme !

Julien: Me too! So, Saturday for the picnic, and Sunday for the hike. That's a good plan!

Claire : Oui, on va bien s'amuser ce week-end.

Claire: Yes, we're going to have a lot of fun this weekend.

Julien : Super, je te vois samedi alors !

Julien: Great, see you on Saturday then!

Claire : À samedi, Julien !

Claire: See you on Saturday, Julien!

Parler des hobbies

Sarah : Salut, Lucas ! Tu fais quoi pendant ton temps libre ?

Sarah: Hi, Lucas! What do you do in your free time?

Lucas : Salut, Sarah ! J'aime bien faire du sport, surtout le football. Je joue souvent avec des amis le week-end. Et toi, quels sont tes hobbies ?

Lucas: Hi, Sarah! I like to do sports, especially football. I often play with friends on the weekends. And you, what are your hobbies?

Sarah : Moi, j'adore lire. Je lis surtout des romans policiers. En ce moment, je lis un livre d'Agatha Christie.

Sarah: I love reading. I mostly read detective novels. Right now, I'm reading a book by Agatha Christie.

Lucas : Ah oui ? J'ai entendu dire que ses histoires sont très captivantes. Tu lis souvent ?

Lucas: Oh really? I've heard her stories are very captivating. Do you read often?

Sarah : Oui, presque tous les jours. Et à part le football, tu fais d'autres sports ?

Sarah: Yes, almost every day. And besides football, do you do other sports?

Lucas : Oui, parfois je vais courir, et j'aime bien faire du vélo aussi. Ça me détend après une longue journée.

Lucas: Yes, sometimes I go running, and I also like cycling. It relaxes me after a long day.

Sarah : Le vélo, c'est sympa. Je fais aussi du yoga de temps en temps pour me détendre.

Sarah: Cycling is nice. I also do yoga from time to time to relax.

Lucas : Le yoga, ça a l'air bien pour se relaxer. Je n'ai jamais essayé, mais j'aimerais bien apprendre.

Lucas: Yoga seems great for relaxing. I've never tried it, but I'd like to learn.

Sarah : C'est vraiment bien pour le corps et l'esprit. Si tu veux, je peux te montrer quelques exercices un jour.

Sarah: It's really good for the body and mind. If you want, I can show you some exercises one day.

Lucas : Pourquoi pas ! Ce serait cool. Tu as d'autres passions ?

Lucas: Why not! That would be cool. Do you have any other passions?

Sarah : Oui, j'aime bien aussi cuisiner. Je teste souvent de nouvelles recettes, surtout des plats végétariens.

Sarah: Yes, I also like cooking. I often try new recipes, especially vegetarian dishes.

Lucas : Ah, moi aussi j'aime cuisiner ! Je fais souvent des plats italiens, comme des pâtes ou des pizzas.

Lucas: Oh, I like cooking too! I often make Italian dishes, like pasta or pizza.

Sarah : Oh, j'adore les plats italiens ! On pourrait organiser une soirée cuisine un jour, chacun prépare quelque chose.

Sarah: Oh, I love Italian food! We could organize a cooking night one day, each of us prepares something.

Lucas : Oui, ça serait amusant ! On pourrait inviter d'autres amis aussi.

Lucas: Yes, that would be fun! We could invite other friends too.

Sarah : Super idée ! Ça te dirait qu'on fasse ça le week-end prochain ?

Sarah: Great idea! How about we do that next weekend?

Lucas : Oui, ça marche. On pourra combiner ça avec un petit match de foot pour digérer après !

Lucas: Yes, that works. We can combine it with a little football match afterward to digest!

Sarah : Bonne idée ! Ça fait plaisir de parler de nos hobbies. On a plein de choses en commun finalement !

Sarah: Good idea! It's nice talking about our hobbies. We actually have a lot in common!

Lucas : Oui, c'est vrai ! Je suis content qu'on organise ça.

Lucas: Yes, that's true! I'm glad we're organizing this.

Sarah : Moi aussi ! Bon, je te laisse, je vais continuer ma lecture. À bientôt, Lucas !

Sarah: Me too! Well, I'll let you go, I'm going to continue my reading. See you soon, Lucas!

Lucas : À bientôt, Sarah ! On se tient au courant pour la soirée cuisine.

Lucas: See you soon, Sarah! Let's keep in touch about the cooking night.

Entretien d'embauche

Recruteur : Bonjour, monsieur Martin. Merci d'être venu aujourd'hui.

Recruiter: Hello, Mr. Martin. Thank you for coming today.

Pierre : Bonjour, merci à vous de m'avoir invité.

Pierre: Hello, thank you for inviting me.

Recruteur : Installez-vous, s'il vous plaît. Pouvez-vous me parler un peu de vous et de votre parcours ?

Recruiter: Please have a seat. Can you tell me a bit about yourself and your background?

Pierre : Oui, bien sûr. Je m'appelle Pierre Martin, j'ai 25 ans et j'ai un diplôme en gestion. J'ai travaillé deux ans dans une entreprise de logistique où je m'occupais de la gestion des stocks et des commandes.

Pierre: Yes, of course. My name is Pierre Martin, I'm 25 years old, and I have a degree in management. I worked for two years at a logistics company where I handled inventory and order management.

Recruteur : Très bien. Pourquoi voulez-vous rejoindre notre entreprise ?

Recruiter: Very well. Why do you want to join our company?

Pierre : J'ai entendu parler de votre entreprise et de sa bonne réputation. Je pense que vos projets sont intéressants, et je souhaite développer mes compétences dans un environnement dynamique comme le vôtre.

Pierre: I've heard about your company and its good reputation. I think your projects are interesting, and I'd like to develop my skills in a dynamic environment like yours.

Recruteur : Quelles sont vos principales compétences ?

Recruiter: What are your main skills?

Pierre : Je suis organisé, j'aime travailler en équipe, et je sais bien gérer mon temps. Je maîtrise aussi plusieurs logiciels de gestion, comme Excel et SAP.

Pierre: I'm organized, I enjoy working in a team, and I manage my time well. I'm also proficient in several management software programs, like Excel and SAP.

Recruteur : C'est bon à savoir. Avez-vous déjà travaillé sur des projets similaires à ceux que nous menons ici ?

Recruiter: That's good to know. Have you worked on projects similar to the ones we handle here?

Pierre : Oui, dans mon dernier poste, j'ai participé à un projet d'optimisation des stocks. Nous avons réussi à réduire les coûts en améliorant la gestion des produits.

Pierre: Yes, in my last job, I participated in a stock optimization project. We succeeded in reducing costs by improving product management.

Recruteur : Très intéressant. Comment réagissez-vous face au stress ou aux deadlines serrées ?

Recruiter: Very interesting. How do you handle stress or tight deadlines?

Pierre : J'essaie de rester calme et de prioriser les tâches. Quand il y a une deadline, je me concentre sur ce qui est le plus urgent et j'avance étape par étape.

Pierre: I try to stay calm and prioritize tasks. When there's a deadline, I focus on what's most urgent and move forward step by step.

Recruteur : C'est une bonne méthode. Où vous voyez-vous dans cinq ans ?

Recruiter: That's a good approach. Where do you see yourself in five years?

Pierre : J'espère évoluer dans mon métier, prendre plus de responsabilités, et pourquoi pas gérer une équipe.

Pierre: I hope to advance in my career, take on more responsibilities, and maybe even manage a team.

Recruteur : Très bien, nous cherchons justement des personnes qui souhaitent évoluer avec nous. Avez-vous des questions sur le poste ou sur l'entreprise ?

Recruiter: Very well, we are looking for people who want to grow with us. Do you have any questions about the position or the company?

Pierre : Oui, pourriez-vous m'en dire plus sur l'équipe avec laquelle je travaillerais ?

Pierre: Yes, could you tell me more about the team I'd be working with?

Recruteur : Bien sûr. Vous rejoindrez une équipe de 10 personnes, avec un chef de projet qui gère les opérations quotidiennes. L'ambiance est très collaborative.

Recruiter: Of course. You'll be joining a team of 10 people, with a project manager who oversees daily operations. The atmosphere is very collaborative.

Pierre : Cela semble parfait. Merci beaucoup pour ces informations.

Pierre: That sounds perfect. Thank you very much for this information.

Recruteur : Merci à vous, Pierre. Nous vous recontacterons sous peu pour vous informer de notre décision.

Recruiter: Thank you, Pierre. We'll contact you soon to inform you of our decision.

Pierre : Très bien, merci pour votre temps.

Pierre: Very well, thank you for your time.

Recruteur : Bonne journée !

Recruiter: Have a good day!

Pierre : Merci, à vous aussi !

Pierre: Thank you, you too!

Parler du travail

Thomas : Salut, Marie ! Comment ça va ?

Thomas: Hi, Marie! How are you?

Marie : Salut, Thomas ! Ça va bien, merci. Et toi ?

Marie: Hi, Thomas! I'm good, thanks. And you?

Thomas : Ça va, un peu fatigué. Le travail est très intense en ce moment.

Thomas: I'm alright, a bit tired. Work is very intense right now.

Marie : Ah oui ? Tu travailles sur un projet particulier ?

Marie: Oh really? Are you working on a particular project?

Thomas : Oui, on doit finir un gros dossier pour un client, et il y a beaucoup de pression. On a des deadlines très serrées.

Thomas: Yes, we have to finish a big file for a client, and there's a lot of pressure. We have very tight deadlines.

Marie : Ça doit être stressant ! Tu arrives à gérer tout ça ?

Marie: That must be stressful! Are you managing everything okay?

Thomas : Oui, ça va. J'essaie de rester organisé et de ne pas trop stresser. Mais parfois, c'est difficile avec toutes les réunions et les e-mails.

Thomas: Yes, it's going alright. I try to stay organized and not stress too much. But sometimes it's hard with all the meetings and emails.

Marie : Je te comprends. Moi aussi, j'ai beaucoup de travail en ce moment, surtout avec les nouveaux projets qu'on vient de lancer.

Marie: I understand. I have a lot of work too at the moment, especially with the new projects we've just launched.

Thomas : Ah oui, tu travailles sur quoi en ce moment ?

Thomas: Oh yeah, what are you working on right now?

Marie : On développe une nouvelle application pour gérer les horaires des employés. C'est un projet intéressant, mais ça demande beaucoup de coordination avec les autres équipes.

Marie: We're developing a new app to manage employee schedules. It's an interesting project, but it requires a lot of coordination with other teams.

Thomas : Ça a l'air passionnant ! Vous travaillez en équipe, j'imagine ?

Thomas: That sounds exciting! You work in a team, I imagine?

Marie : Oui, on est une petite équipe de cinq personnes, et chacun a un rôle différent. On se réunit tous les jours pour faire le point.

Marie: Yes, we're a small team of five, and everyone has a different role. We meet every day to check in.

Thomas : C'est bien de travailler en équipe, je trouve que ça aide à avancer plus vite.

Thomas: It's nice to work in a team, I think it helps move things forward faster.

Marie : Oui, tout à fait. Et toi, tu travailles souvent en équipe ?

Marie: Yes, exactly. And you, do you often work in a team?

Thomas : Pas toujours, mais pour les gros projets, oui. Parfois, j'aime bien travailler seul, ça me permet de me concentrer plus facilement.

Thomas: Not always, but for big projects, yes. Sometimes I like working alone, it allows me to focus more easily.

Marie : Je comprends. Parfois, c'est bien d'avoir un peu de calme pour se concentrer.

Marie: I understand. Sometimes it's nice to have some quiet to focus.

Thomas : Oui, exactement. Mais bon, j'aime bien mon travail, même si c'est parfois fatiguant.

Thomas: Yes, exactly. But I do enjoy my work, even if it's tiring at times.

Marie : C'est l'essentiel, non ? Aimer ce qu'on fait.

Marie: That's what matters, right? Loving what you do.

Thomas : Oui, c'est vrai. Et toi, tu es contente de ton travail ?

Thomas: Yes, that's true. And you, are you happy with your job?

Marie : Oui, je trouve que c'est un domaine stimulant. Il y a toujours de nouveaux défis à relever, et c'est ce que j'aime.

Marie: Yes, I find it stimulating. There are always new challenges to face, and that's what I like.

Thomas : C'est super ! Peut-être qu'on pourra collaborer sur un projet un jour.

Thomas: That's great! Maybe we can collaborate on a project someday.

Marie : Oui, ce serait sympa !

Marie: Yes, that would be nice!

Thomas : Bon, je dois retourner au bureau. On se tient au courant pour un café la semaine prochaine ?

Thomas: Well, I have to get back to the office. Let's stay in touch for a coffee next week?

Marie : Oui, avec plaisir ! À bientôt, Thomas !

Marie: Yes, with pleasure! See you soon, Thomas!

Thomas : À bientôt, Marie !

Thomas: See you soon, Marie!

Au fitness

Lucie : Salut, Paul ! Je ne savais pas que tu venais à cette salle de sport.

Lucie: Hi, Paul! I didn't know you came to this gym.

Paul : Salut, Lucie ! Oui, j'ai commencé à venir ici il y a un mois. Et toi, tu viens souvent ?

Paul: Hi, Lucie! Yes, I started coming here a month ago. And you, do you come often?

Lucie : Oui, je viens trois fois par semaine. J'aime bien faire du cardio et un peu de musculation.

Lucie: Yes, I come three times a week. I like to do cardio and a bit of weight training.

Paul : Moi aussi, je fais du cardio, surtout sur le tapis de course. Mais je ne suis pas encore très bon en musculation.

Paul: Me too, I do cardio, mostly on the treadmill. But I'm not very good at weight training yet.

Lucie : C'est normal, ça prend du temps. Au début, c'est difficile, mais après, ça devient plus facile. Tu as un programme d'entraînement ?

Lucie: That's normal, it takes time. At first, it's hard, but then it gets easier. Do you have a workout plan?

Paul : Oui, j'ai demandé à un coach de m'en préparer un. Je fais du cardio le lundi et mercredi, et de la musculation le vendredi.

Paul: Yes, I asked a coach to make one for me. I do cardio on Mondays and Wednesdays, and weight training on Fridays.

Lucie : C'est un bon équilibre. Moi, je mélange les deux à chaque séance. Aujourd'hui, je fais des exercices pour les bras et un peu de vélo.

Lucie: That's a good balance. I mix both in every session. Today, I'm doing arm exercises and some cycling.

Paul : Ça a l'air bien. Peut-être que je devrais essayer de faire du vélo aussi. Tu trouves ça difficile ?

Paul: That sounds good. Maybe I should try cycling too. Do you find it hard?

Lucie : Non, le vélo est assez facile, et c'est bon pour l'endurance. Ça travaille bien les jambes sans trop de pression.

Lucie: No, cycling is pretty easy, and it's great for endurance. It works your legs well without too much strain.

Paul : Je vais essayer la prochaine fois. Tu prends des cours ici aussi ?

Paul: I'll try it next time. Do you take any classes here too?

Lucie : Oui, parfois je fais du yoga le samedi matin. C'est bien pour se relaxer après une semaine de travail.

Lucie: Yes, sometimes I do yoga on Saturday mornings. It's good for relaxing after a week of work.

Paul : Ah, ça me tente bien, j'ai entendu dire que le yoga est bon pour la souplesse et pour se détendre.

Paul: Oh, that sounds tempting. I've heard yoga is good for flexibility and relaxation.

Lucie : Oui, c'est super. Si tu veux, on peut y aller ensemble ce samedi.

Lucie: Yes, it's great. If you want, we can go together this Saturday.

Paul : Bonne idée ! Ça me motivera à essayer quelque chose de nouveau.

Paul: Good idea! It'll motivate me to try something new.

Lucie : Parfait, on se retrouve samedi matin alors ! En attendant, tu veux faire quelques étirements ensemble après l'entraînement ?

Lucie: Perfect, see you Saturday morning then! In the meantime, do you want to do some stretches together after the workout?

Paul : Oui, avec plaisir. Je dois m'étirer plus, c'est important pour éviter les blessures.

Paul: Yes, with pleasure. I need to stretch more, it's important to avoid injuries.

Lucie : Exactement ! Allez, on finit nos exercices, et après on s'étire.

Lucie: Exactly! Let's finish our exercises, and then we'll stretch.

Paul : D'accord, à tout de suite !

Paul: Alright, see you in a bit!

Au cours de yoga

Professeur : Bonjour à tous, bienvenue au cours de yoga. Vous êtes prêts à commencer ?

Teacher: Hello everyone, welcome to the yoga class. Are you ready to start?

Élèves : Oui, prêts !

Students: Yes, ready!

Professeur : Très bien. Commençons par quelques respirations profondes. Inspirez... et expirez lentement.

Teacher: Very good. Let's start with a few deep breaths. Inhale... and exhale slowly.

Sophie : C'est vraiment relaxant.

Sophie: This is really relaxing.

Marc : Oui, ça fait du bien de se détendre après une longue journée.

Marc: Yes, it feels good to relax after a long day.

Professeur : Maintenant, on va passer à la posture de l'arbre. Levez-vous, placez votre pied droit sur la cuisse gauche, et gardez l'équilibre.

Teacher: Now, we're going to move into the tree pose. Stand up, place your right foot on your left thigh, and keep your balance.

Sophie : Oh là là, je perds l'équilibre !

Sophie: Oh dear, I'm losing my balance!

Professeur : Pas de souci, Sophie, c'est normal au début. Concentrez-vous sur un point devant vous, ça aide à rester stable.

Teacher: No worries, Sophie, that's normal at first. Focus on a point in front of you, it helps to stay stable.

Marc : Je vais essayer... Ah, ça marche mieux maintenant.

Marc: I'll try... Ah, it's working better now.

Professeur : Bien, Marc. Très bien tout le monde. On va maintenant passer à la posture du guerrier. Pliez votre genou droit, étirez les bras vers l'avant.

Teacher: Good, Marc. Well done, everyone. Now let's move into warrior pose. Bend your right knee, stretch your arms forward.

Sophie : J'aime bien cette posture, elle est énergique.

Sophie: I like this pose, it's energetic.

Marc : Oui, on sent vraiment les muscles travailler.

Marc: Yes, you can really feel the muscles working.

Professeur : Exactement. N'oubliez pas de respirer profondément. Et maintenant, changez de côté.

Teacher: Exactly. Don't forget to breathe deeply. And now, switch sides.

(Quelques minutes plus tard)

(A few minutes later)

Professeur : Très bien, c'était super. On va terminer la séance avec la posture du cadavre pour la relaxation. Allongez-vous sur le tapis, les bras le long du corps, et fermez les yeux.

Teacher: Very good, that was great. We're going to finish the session with corpse pose for relaxation. Lie down on your mat, arms by your side, and close your eyes.

Sophie : Ah, j'adore cette partie.

Sophie: Ah, I love this part.

Marc : Oui, c'est le moment le plus relaxant.

Marc: Yes, it's the most relaxing moment.

Professeur : Concentrez-vous sur votre respiration. Inspirez profondément... et expirez. Laissez votre corps se détendre complètement.

Teacher: Focus on your breath. Inhale deeply... and exhale. Let your body completely relax.

(Après quelques minutes de relaxation)

(After a few minutes of relaxation)

Professeur : Voilà, la séance est terminée. Merci à tous pour votre participation aujourd'hui.

Teacher: There you go, the session is over. Thank you all for participating today.

Sophie : Merci beaucoup, c'était vraiment apaisant.

Sophie: Thank you so much, it was really soothing.

Marc : Oui, je me sens beaucoup mieux maintenant.

Marc: Yes, I feel much better now.

Professeur : C'est toujours un plaisir de vous voir progresser. À la semaine prochaine !

Teacher: It's always a pleasure to see you progress. See you next week!

Sophie : Oui, à la semaine prochaine !

Sophie: Yes, see you next week!

Marc : À bientôt, merci encore !

Marc: See you soon, thanks again!

Parler des films préférés

Clara : Salut, Paul ! Tu as vu des films récemment ?

Clara: Hi, Paul! Have you watched any movies recently?

Paul : Salut, Clara ! Oui, j'ai regardé un film hier soir. C'était un film d'action. Et toi, quel genre de films tu aimes ?

Paul: Hi, Clara! Yes, I watched a movie last night. It was an action movie. And you, what kind of movies do you like?

Clara : Moi, j'adore les comédies romantiques. C'est mon genre préféré.

Clara: I love romantic comedies. It's my favorite genre.

Paul : Ah, j'aime bien aussi les comédies, ça me fait toujours rire. Mais les films d'action sont mes préférés.

Paul: Ah, I like comedies too, they always make me laugh. But action movies are my favorites.

Clara : Les films d'action, c'est bien, mais parfois il y a trop de bruit et d'explosions pour moi. Tu as un film d'action préféré ?

Clara: Action movies are good, but sometimes there's too much noise and explosions for me. Do you have a favorite action movie?

Paul : Oui, j'adore "Mad Max : Fury Road". L'action est intense du début à la fin, et les effets spéciaux sont incroyables.

Paul: Yes, I love "Mad Max: Fury Road". The action is intense from start to finish, and the special effects are incredible.

Clara : Ah oui, je l'ai vu aussi. C'était vraiment impressionnant ! Mais mon film préféré, c'est "Le Fabuleux Destin d'Amélie Poulain". C'est une histoire tellement touchante et les images sont magnifiques.

Clara: Oh yes, I've seen it too. It was really impressive! But my favorite movie is "Amélie". It's such a touching story, and the visuals are beautiful.

Paul : Oui, c'est un film très beau. J'aime bien l'ambiance et la musique aussi. C'est très différent des films que je regarde d'habitude, mais je l'ai trouvé super.

Paul: Yes, it's a very beautiful movie. I also like the atmosphere and the music. It's very different from the movies I usually watch, but I thought it was great.

Clara : Et toi, tu aimes les films romantiques ?

Clara: And you, do you like romantic movies?

Paul : Pas vraiment, mais parfois ça fait du bien de regarder un film plus calme. Par contre, j'adore les films d'aventure comme "Indiana Jones".

Paul: Not really, but sometimes it's nice to watch a calmer movie. However, I love adventure movies like "Indiana Jones".

Clara : Ah oui, les films d'aventure, c'est cool. Moi, j'aime bien "Jurassic Park". C'est un classique !

Clara: Oh yes, adventure movies are cool. I like "Jurassic Park". It's a classic!

Paul : Oui, un vrai classique ! Et les films de science-fiction, tu aimes ça ?

Paul: Yes, a real classic! And science fiction movies, do you like them?

Clara : Oui, j'aime bien. J'ai beaucoup aimé "Interstellar". C'était impressionnant, avec de belles images de l'espace.

Clara: Yes, I like them. I really enjoyed "Interstellar". It was impressive, with beautiful space visuals.

Paul : Ah oui, c'est un excellent film ! Il fait vraiment réfléchir.

Paul: Oh yes, it's an excellent movie! It really makes you think.

Clara : Oui, c'est vrai. J'aime bien les films qui font réfléchir.

Clara: Yes, that's true. I like movies that make you think.

Paul : Moi aussi. Mais de temps en temps, j'ai juste envie de regarder quelque chose de drôle et de léger.

Paul: Me too. But sometimes, I just feel like watching something funny and light.

Clara : Oui, on a tous besoin de ça parfois. Il y a une nouvelle comédie qui sort ce week-end, ça te dirait d'aller la voir ensemble ?

Clara: Yes, we all need that sometimes. There's a new comedy coming out this weekend, would you like to go see it together?

Paul : Oui, pourquoi pas ! Ça pourrait être sympa.

Paul: Yes, why not! That could be fun.

Clara : Super, on se tient au courant pour les horaires !

Clara: Great, let's stay in touch about the times!

Paul : D'accord, à bientôt alors !

Paul: Alright, see you soon then!

Clara : À bientôt, Paul !

Clara: See you soon, Paul!

Parler des goûts musicaux

Emma : Salut, Julien ! Tu écoutes quoi comme musique en ce moment ?

Emma: Hi, Julien! What kind of music are you listening to at the moment?

Julien : Salut, Emma ! En ce moment, j'écoute beaucoup de rock. C'est mon genre préféré. Et toi, tu aimes quoi comme musique ?

Julien: Hi, Emma! Right now, I'm listening to a lot of rock. It's my favorite genre. And you, what kind of music do you like?

Emma : Moi, j'adore la pop. J'écoute souvent des artistes comme Dua Lipa ou The Weeknd.

Emma: I love pop. I often listen to artists like Dua Lipa or The Weeknd.

Julien : Ah oui, j'aime bien aussi The Weeknd. Il a un style unique, entre pop et R&B.

Julien: Oh yeah, I like The Weeknd too. He has a unique style, between pop and R&B.

Emma : Oui, exactement. Et toi, tu as un groupe de rock préféré ?

Emma: Yes, exactly. And you, do you have a favorite rock band?

Julien : Oui, j'adore Queen. Leurs chansons sont des classiques, et Freddie Mercury avait une voix incroyable.

Julien: Yes, I love Queen. Their songs are classics, and Freddie Mercury had an incredible voice.

Emma : Oh, j'adore aussi Queen ! "Bohemian Rhapsody" est l'une de mes chansons préférées.

Emma: Oh, I love Queen too! "Bohemian Rhapsody" is one of my favorite songs.

Julien : C'est vrai, c'est une chanson géniale. Tu vas souvent à des concerts ?

Julien: That's true, it's a great song. Do you often go to concerts?

Emma : Pas très souvent, mais j'aimerais en voir plus. Et toi, tu vas souvent à des concerts de rock ?

Emma: Not very often, but I'd love to see more. And you, do you often go to rock concerts?

Julien : Oui, dès que je peux. J'adore l'énergie des concerts. Le dernier que j'ai vu, c'était un concert de Muse. C'était incroyable !

Julien: Yes, whenever I can. I love the energy of concerts. The last one I saw was a Muse concert. It was incredible!

Emma : Ah, Muse, ils sont super aussi ! Moi, je rêve de voir Taylor Swift en concert. Elle a tellement de hits.

Emma: Oh, Muse, they're great too! I dream of seeing Taylor Swift in concert. She has so many hits.

Julien : Oui, elle est très populaire. J'ai entendu dire que ses concerts sont toujours impressionnants.

Julien: Yes, she's very popular. I've heard her concerts are always impressive.

Emma : Oui, elle fait un vrai show. Et à part le rock, tu écoutes d'autres styles de musique ?

Emma: Yes, she puts on a real show. And besides rock, do you listen to other music genres?

Julien : Oui, j'écoute un peu de tout. Parfois, j'aime bien écouter du jazz pour me détendre, surtout en travaillant.

Julien: Yes, I listen to a bit of everything. Sometimes, I like listening to jazz to relax, especially while working.

Emma : Ah oui, le jazz, c'est vraiment relaxant. Moi, j'écoute souvent du classique quand je veux me concentrer.

Emma: Oh yes, jazz is really relaxing. I often listen to classical music when I want to focus.

Julien : Le classique, c'est bien aussi. Ça change de l'énergie du rock.

Julien: Classical music is great too. It's a nice change from the energy of rock.

Emma : Oui, c'est bien d'écouter différents styles selon l'humeur.

Emma: Yes, it's nice to listen to different styles depending on your mood.

Julien : Tout à fait. Parfois, j'aime aussi écouter de la musique électronique, surtout pour faire du sport.

Julien: Absolutely. Sometimes, I also like listening to electronic music, especially when I'm working out.

Emma : Moi aussi ! C'est parfait pour se motiver à la salle de sport.

Emma: Me too! It's perfect for getting motivated at the gym.

Julien : Exactement. Et toi, tu joues d'un instrument de musique ?

Julien: Exactly. And you, do you play a musical instrument?

Emma : Oui, je joue un peu de piano. Et toi ?

Emma: Yes, I play a little piano. And you?

Julien : Moi, je joue de la guitare depuis quelques années. C'est super pour jouer des chansons de rock.

Julien: I've been playing guitar for a few years. It's great for playing rock songs.

Emma : C'est génial ! Peut-être qu'un jour on pourra jouer ensemble.

Emma: That's awesome! Maybe one day we can play together.

Julien : Oui, avec plaisir ! Ça serait amusant.

Julien: Yes, with pleasure! That would be fun.

Emma : Super, on en reparlera alors !

Emma: Great, we'll talk about it again then!

Julien : Oui, à bientôt !

Julien: Yes, see you soon!

Emma : À bientôt, Julien !

Emma: See you soon, Julien!

Parler des plans de vacances

Camille : Salut, Antoine ! Tu as déjà des plans pour les vacances ?

Camille: Hi, Antoine! Do you already have plans for the holidays?

Antoine : Salut, Camille ! Oui, je pars en Espagne avec des amis. On va passer une semaine à Barcelone. Et toi, tu as des projets ?

Antoine: Hi, Camille! Yes, I'm going to Spain with some friends. We'll spend a week in Barcelona. And you, do you have any plans?

Camille : Oui, je vais en Italie avec ma famille. On va visiter Rome et Florence.

Camille: Yes, I'm going to Italy with my family. We're going to visit Rome and Florence.

Antoine : Ah, super ! J'ai toujours voulu visiter l'Italie. C'est quand que tu pars ?

Antoine: Oh, great! I've always wanted to visit Italy. When are you leaving?

Camille : On part dans deux semaines, pour dix jours. J'ai hâte !

Camille: We're leaving in two weeks, for ten days. I can't wait!

Antoine : Ça doit être génial. Tu as prévu de visiter des musées ?

Antoine: That must be amazing. Do you plan to visit any museums?

Camille : Oui, on va visiter le Colisée, le Vatican, et plein d'autres endroits historiques. Et à Florence, on veut voir la galerie des Offices.

Camille: Yes, we're going to visit the Colosseum, the Vatican, and many other historical places. And in Florence, we want to see the Uffizi Gallery.

Antoine : Ça a l'air incroyable ! Et tu penses que vous allez goûter à plein de plats italiens ?

Antoine: That sounds incredible! And do you think you'll try lots of Italian dishes?

Camille : Oh oui, j'ai hâte de manger des pâtes, des pizzas et des glaces italiennes ! Et toi, à Barcelone, tu vas profiter de la plage ?

Camille: Oh yes, I can't wait to eat pasta, pizza, and Italian ice cream! And you, in Barcelona, will you enjoy the beach?

Antoine : Oui, on va passer pas mal de temps à la plage. On a prévu de visiter la Sagrada Família et de se balader dans le parc Güell aussi.

Antoine: Yes, we'll spend a lot of time at the beach. We're also planning to visit the Sagrada Família and walk around Park Güell.

Camille : Barcelone, c'est vraiment une belle ville ! Tu y es déjà allé ?

Camille: Barcelona is such a beautiful city! Have you been there before?

Antoine : Non, c'est la première fois, mais j'ai entendu que c'est une ville très vivante, avec beaucoup de choses à voir et à faire.

Antoine: No, it's my first time, but I've heard it's a very lively city with lots to see and do.

Camille : Oui, c'est ce que j'ai entendu aussi. Vous restez combien de temps en Espagne ?

Camille: Yes, that's what I've heard too. How long are you staying in Spain?

Antoine : Une semaine. Après, certains de mes amis veulent aller à Madrid, mais je ne suis pas encore sûr si je vais les suivre.

Antoine: A week. Afterward, some of my friends want to go to Madrid, but I'm not sure if I'll go with them yet.

Camille : Ça pourrait être sympa de découvrir Madrid aussi. C'est une autre ville riche en histoire.

Camille: It could be nice to discover Madrid too. It's another city rich in history.

Antoine : Oui, c'est vrai. On verra comment ça se passe à Barcelone d'abord.

Antoine: Yes, that's true. We'll see how things go in Barcelona first.

Camille : En tout cas, ça fait du bien de penser aux vacances. Tu préfères les vacances à la plage ou en ville ?

Camille: In any case, it's nice to think about the holidays. Do you prefer beach holidays or city vacations?

Antoine : J'aime bien les deux, mais peut-être que je préfère un peu plus la plage. C'est relaxant. Et toi ?

Antoine: I like both, but maybe I prefer the beach a bit more. It's relaxing. And you?

Camille : Moi aussi, j'aime bien combiner les deux. Un peu de visite, un peu de détente.

Camille: Me too, I like to combine both. A bit of sightseeing, a bit of relaxing.

Antoine : Oui, c'est l'idéal. Bon, il faut que je prépare encore quelques affaires pour le voyage.

Antoine: Yes, that's the ideal. Well, I still have a few things to prepare for the trip.

Camille : Moi aussi, il me reste des choses à organiser. On se tient au courant pour après les vacances ?

Camille: Me too, I still have things to organize. Let's stay in touch for after the holidays?

Antoine : Oui, avec plaisir. On se racontera nos voyages !

Antoine: Yes, with pleasure. We'll tell each other about our trips!

Camille : Super, à bientôt Antoine, et bonnes vacances !

Camille: Great, see you soon, Antoine, and have a great vacation!

Antoine : Merci, à toi aussi !

Antoine: Thanks, you too!

Dans un club de lecture

Sophie : Bonjour tout le monde ! Alors, qui a fini le livre de la semaine ?

Sophie: Hello everyone! So, who has finished the book of the week?

Marc : Salut, Sophie ! Oui, je l'ai fini hier soir. C'était vraiment captivant.

Marc: Hi, Sophie! Yes, I finished it last night. It was really captivating.

Claire : Moi aussi, je l'ai terminé. J'ai adoré la fin, c'était tellement inattendu !

Claire: Me too, I finished it. I loved the ending, it was so unexpected!

Sophie : Oui, l'auteur a vraiment bien construit l'intrigue. Qu'est-ce que vous avez pensé des personnages ?

Sophie: Yes, the author really built the plot well. What did you think of the characters?

Marc : J'ai beaucoup aimé le personnage principal, il était complexe mais attachant. Par contre, je n'ai pas trop aimé le personnage de Julie, elle était un peu ennuyeuse, je trouve.

Marc: I really liked the main character, he was complex but likable. However, I didn't like Julie's character much, I found her a bit boring.

Claire : Ah, c'est marrant, moi je l'ai trouvée intéressante. Elle avait une évolution subtile, surtout vers la fin.

Claire: Ah, that's funny, I found her interesting. She had a subtle evolution, especially towards the end.

Sophie : Oui, je suis d'accord avec Claire. Elle devient plus forte à la fin du livre. Et toi, Marc, quelle était ta scène préférée ?

Sophie: Yes, I agree with Claire. She becomes stronger at the end of the book. And you, Marc, what was your favorite scene?

Marc : J'ai adoré la scène où ils découvrent le secret de la maison. C'était plein de suspense !

Marc: I loved the scene where they discover the secret of the house. It was full of suspense!

Claire : Oui, cette scène était incroyable. On ne s'attend pas du tout à ce qui va se passer.

Claire: Yes, that scene was incredible. You really don't expect what's going to happen.

Sophie : C'est vrai, j'étais vraiment surprise. Le style de l'écriture vous a plu ?

Sophie: That's true, I was really surprised. Did you like the writing style?

Marc : Oui, l'auteur écrit de manière très fluide. Ça se lit facilement.

Marc: Yes, the author writes in a very smooth way. It's easy to read.

Claire : Oui, et il y avait des passages très poétiques, surtout dans les descriptions des paysages.

Claire: Yes, and there were some very poetic passages, especially in the descriptions of the landscapes.

Sophie : Tout à fait. Alors, quel livre choisissons-nous pour la semaine prochaine ?

Sophie: Exactly. So, what book shall we choose for next week?

Marc : Pourquoi pas un roman policier cette fois-ci ? J'ai entendu parler d'un livre qui s'appelle "Le mystère de la vieille maison". Il paraît qu'il est très bien.

Marc: How about a detective novel this time? I've heard of a book called *The Mystery of the Old House*. Apparently, it's really good.

Claire : Ah oui, je l'ai déjà vu en librairie. Ça pourrait être sympa !

Claire: Oh yes, I've seen it at the bookstore. It could be fun!

Sophie : D'accord, on peut essayer. Ça fait longtemps qu'on n'a pas lu de roman policier.

Sophie: Alright, we can try it. It's been a while since we've read a detective novel.

Marc : Super, je vais l'acheter dès demain.

Marc: Great, I'll buy it tomorrow.

Claire : Moi aussi. On se retrouve la semaine prochaine pour en discuter alors ?

Claire: Me too. Shall we meet next week to discuss it then?

Sophie : Oui, même jour, même heure !

Sophie: Yes, same day, same time!

Marc : Parfait, à la semaine prochaine !

Marc: Perfect, see you next week!

Claire : À la semaine prochaine !

Claire: See you next week!

Sophie : À bientôt tout le monde, et bonne lecture !

Sophie: See you soon, everyone, and happy reading!

Faire connaissance avec les nouveaux voisins

Marie : Bonjour ! Vous êtes nos nouveaux voisins, n'est-ce pas ?

Marie: Hello! You're our new neighbors, aren't you?

Paul : Oui, c'est bien ça. On a emménagé hier.

Paul: Yes, that's right. We moved in yesterday.

Marie : Bienvenue dans le quartier ! Je m'appelle Marie, et voici mon mari, Luc.

Marie: Welcome to the neighborhood! My name is Marie, and this is my husband, Luc.

Luc : Bonjour et bienvenue !

Luc: Hello and welcome!

Paul : Merci beaucoup ! Moi, c'est Paul, et voici ma femme, Claire.

Paul: Thank you very much! I'm Paul, and this is my wife, Claire.

Claire : Enchantée !

Claire: Nice to meet you!

Marie : Enchantée aussi ! Vous venez de loin ?

Marie: Nice to meet you too! Are you from far away?

Claire : Oui, on habitait à Lyon avant, mais on a déménagé pour le travail de Paul.

Claire: Yes, we lived in Lyon before, but we moved for Paul's job.

Luc : Ah, d'accord ! Vous allez voir, le quartier est très calme et agréable.

Luc: Oh, I see! You'll see, the neighborhood is very calm and pleasant.

Paul : Ça a l'air d'être un bon endroit pour vivre. On est contents d'être ici.

Paul: It seems like a good place to live. We're happy to be here.

Marie : Si vous avez besoin de quelque chose, n'hésitez pas à frapper à notre porte.

Marie: If you need anything, don't hesitate to knock on our door.

Claire : Merci, c'est gentil. D'ailleurs, est-ce que vous pourriez nous dire où se trouve le supermarché le plus proche ?

Claire: Thank you, that's kind. By the way, could you tell us where the nearest supermarket is?

Luc : Oui, bien sûr. Il y a un grand supermarché à cinq minutes en voiture, juste après le parc.

Luc: Yes, of course. There's a big supermarket five minutes away by car, just past the park.

Paul : Parfait, merci pour l'information.

Paul: Perfect, thanks for the information.

Marie : Il y a aussi une boulangerie au coin de la rue. Elle est ouverte tous les jours sauf le lundi.

Marie: There's also a bakery at the corner of the street. It's open every day except Monday.

Claire : Super ! On adore le pain frais.

Claire: Great! We love fresh bread.

Luc : Et le pain là-bas est vraiment bon. Vous verrez, c'est la meilleure boulangerie du quartier.

Luc: And the bread there is really good. You'll see, it's the best bakery in the neighborhood.

Paul : On ira sûrement demain matin alors.

Paul: We'll probably go there tomorrow morning then.

Marie : Vous allez vous plaire ici, j'en suis sûre. Il y a des parcs pour se promener, et les voisins sont sympas.

Marie: You'll like it here, I'm sure. There are parks for walking, and the neighbors are nice.

Claire : C'est rassurant de savoir qu'on est dans un quartier convivial.

Claire: It's reassuring to know we're in a friendly neighborhood.

Paul : Oui, ça fait plaisir de rencontrer des voisins accueillants comme vous.

Paul: Yes, it's nice to meet welcoming neighbors like you.

Luc : On est ravis de vous avoir ici. Si vous avez besoin d'aide avec quoi que ce soit, n'hésitez vraiment pas.

Luc: We're happy to have you here. If you need help with anything, don't hesitate at all.

Paul : Merci beaucoup !

Paul: Thank you very much!

Marie : Bon, on ne vous dérange pas plus longtemps. Bon emménagement !

Marie: Well, we won't bother you any longer. Good luck with the move!

Claire : Merci ! À bientôt, Marie et Luc !

Claire: Thank you! See you soon, Marie and Luc!

Luc : À bientôt !

Luc: See you soon!

Au marché

Nina : Bonjour, combien coûtent ces tomates, s'il vous plaît ?

Nina: Hello, how much are these tomatoes, please?

Marchand : Bonjour ! Les tomates sont à 3 euros le kilo.

Vendor: Hello! The tomatoes are 3 euros per kilo.

Nina : D'accord, je vais en prendre un kilo.

Nina: Okay, I'll take a kilo.

Marchand : Très bien. Et avec ça, vous voulez autre chose ?

Vendor: Very well. And would you like anything else?

Nina : Oui, je voudrais aussi un demi-kilo de pommes de terre et une botte de carottes.

Nina: Yes, I would also like half a kilo of potatoes and a bunch of carrots.

Marchand : Pas de problème. Voici les pommes de terre et les carottes. Ça vous fera 5 euros au total.

Vendor: No problem. Here are the potatoes and the carrots. That will be 5 euros in total.

Nina : Parfait, je vous paie en espèces.

Nina: Perfect, I'll pay you in cash.

Marchand : Merci beaucoup. Vous voulez un sac pour vos légumes ?

Vendor: Thank you very much. Would you like a bag for your vegetables?

Nina : Non, c'est bon, j'ai apporté mon propre sac.

Nina: No, it's fine, I brought my own bag.

Marchand : Très bien, c'est mieux pour l'environnement !

Vendor: Very well, it's better for the environment!

Nina : Oui, j'essaie de réduire le plastique.

Nina: Yes, I'm trying to reduce plastic.

(Nina va au stand de fruits)

(Nina goes to the fruit stand)

Nina : Bonjour, vous avez des fraises aujourd'hui ?

Nina: Hello, do you have strawberries today?

Marchande : Bonjour ! Oui, elles sont à 4 euros la barquette.

Vendor: Hello! Yes, they are 4 euros per basket.

Nina : Elles ont l'air délicieuses ! Je vais en prendre une barquette.

Nina: They look delicious! I'll take a basket.

Marchande : Très bon choix. Elles viennent tout juste d'être cueillies. Autre chose pour vous ?

Vendor: Great choice. They were just picked. Anything else for you?

Nina : Non, ce sera tout pour aujourd'hui.

Nina: No, that will be all for today.

Marchande : Très bien, ça fera 4 euros.

Vendor: Very well, that will be 4 euros.

Nina : Voilà, merci.

Nina: Here you go, thank you.

Marchande : Merci à vous, et bonne journée !

Vendor: Thank you, and have a nice day!

Nina : Bonne journée à vous aussi !

Nina: Have a nice day too!

(Nina rencontre une amie sur le marché)

(Nina runs into a friend at the market)

Clara : Salut, Nina ! Tu fais aussi ton marché ce matin ?

Clara: Hi, Nina! You're doing your shopping this morning too?

Nina : Salut, Clara ! Oui, j'aime bien venir ici le week-end. Il y a de bons produits frais.

Nina: Hi, Clara! Yes, I like coming here on the weekends. There are great fresh products.

Clara : Oui, je suis d'accord. J'ai acheté des fraises et du fromage.

Clara: Yes, I agree. I bought strawberries and cheese.

Nina : Moi, j'ai pris des légumes pour faire une soupe. Tu as vu qu'il y a aussi un stand de miel ?

Nina: I got vegetables to make soup. Did you see there's also a honey stand?

Clara : Ah non, je n'avais pas vu. Je vais aller y jeter un coup d'œil.

Clara: Oh no, I hadn't seen it. I'll go check it out.

Nina : Le miel est vraiment bon, je te le recommande.

Nina: The honey is really good, I recommend it.

Clara : Super, je vais en acheter. On pourrait se retrouver pour un café après ?

Clara: Great, I'll buy some. Shall we meet for a coffee afterward?

Nina : Oui, bonne idée ! À tout à l'heure alors.

Nina: Yes, good idea! See you later then.

Préparer un gâteau ensemble

Léa : Salut, Emma ! Prête à faire un gâteau ?

Léa: Hi, Emma! Ready to bake a cake?

Emma : Salut, Léa ! Oui, je suis prête. Qu'est-ce qu'on va faire aujourd'hui ?

Emma: Hi, Léa! Yes, I'm ready. What are we making today?

Léa : J'ai pensé qu'on pourrait faire un gâteau au chocolat. Ça te va ?

Léa: I thought we could make a chocolate cake. Does that sound good to you?

Emma : Oh oui, j'adore le gâteau au chocolat ! Par quoi on commence ?

Emma: Oh yes, I love chocolate cake! Where do we start?

Léa : D'abord, on doit préchauffer le four à 180 degrés. Je m'en occupe.

Léa: First, we need to preheat the oven to 180 degrees. I'll take care of it.

Emma : D'accord, je vais préparer les ingrédients. Il nous faut quoi exactement ?

Emma: Okay, I'll get the ingredients ready. What do we need exactly?

Léa : Il nous faut 200 grammes de farine, 150 grammes de sucre, 100 grammes de beurre, 3 œufs, et 200 grammes de chocolat noir.

Léa: We need 200 grams of flour, 150 grams of sugar, 100 grams of butter, 3 eggs, and 200 grams of dark chocolate.

Emma : J'ai tout ça. Je commence par casser les œufs ?

Emma: I have everything. Should I start by cracking the eggs?

Léa : Oui, c'est ça. Casse les œufs dans un bol, et ajoute le sucre.

Léa: Yes, that's it. Crack the eggs into a bowl and add the sugar.

Emma : Voilà, je mélange. Maintenant, qu'est-ce que je fais ?

Emma: Done, I'm mixing. Now, what do I do next?

Léa : Fais fondre le beurre et le chocolat ensemble dans une casserole. Fais attention à ne pas brûler le chocolat.

Léa: Melt the butter and chocolate together in a saucepan. Be careful not to burn the chocolate.

Emma : Oui, je vais faire doucement. Le chocolat commence à fondre.

Emma: Yes, I'll go slowly. The chocolate is starting to melt.

Léa : Parfait. Une fois que c'est fondu, tu peux ajouter le mélange au bol avec les œufs et le sucre.

Léa: Perfect. Once it's melted, you can add the mixture to the bowl with the eggs and sugar.

Emma : Voilà, c'est fait. Je mélange bien.

Emma: Done, it's ready. I'm mixing it well.

Léa : Super, maintenant, tamise la farine et ajoute-la petit à petit au mélange.

Léa: Great, now sift the flour and add it little by little to the mixture.

Emma : D'accord, je le fais. Le mélange est bien homogène maintenant.

Emma: Okay, I'm doing it. The mixture is smooth now.

Léa : Génial ! Il ne reste plus qu'à verser la pâte dans le moule et mettre le gâteau au four.

Léa: Awesome! Now all that's left is to pour the batter into the mold and put the cake in the oven.

Emma : Combien de temps il doit cuire ?

Emma: How long does it need to bake?

Léa : Environ 25 à 30 minutes. On peut vérifier avec un couteau pour voir si c'est bien cuit.

Léa: About 25 to 30 minutes. We can check with a knife to see if it's done.

Emma : Ça sent déjà bon !

Emma: It already smells good!

Léa : Oui, j'ai hâte de goûter. Pendant que ça cuit, on pourrait préparer un glaçage au chocolat ?

Léa: Yes, I can't wait to taste it. While it bakes, shall we prepare a chocolate frosting?

Emma : Bonne idée ! Qu'est-ce qu'il nous faut pour ça ?

Emma: Good idea! What do we need for that?

Léa : Seulement du chocolat et un peu de crème liquide. On fait fondre le chocolat avec la crème, et on l'étalera sur le gâteau quand il sera refroidi.

Léa: Just chocolate and a little heavy cream. We'll melt the chocolate with the cream and spread it over the cake once it's cooled.

Emma : D'accord, je m'en occupe.

Emma: Okay, I'll take care of it.

(Quelques minutes plus tard)

(A few minutes later)

Emma : Le gâteau est prêt ! On peut le sortir du four.

Emma: The cake is ready! We can take it out of the oven.

Léa : Laisse-le refroidir un peu avant de mettre le glaçage.

Léa: Let it cool a bit before adding the frosting.

Emma : Oui, bien sûr. Je vais attendre quelques minutes.

Emma: Yes, of course. I'll wait a few minutes.

(Un peu plus tard)

(A little later)

Emma : Maintenant, je mets le glaçage. Ça a l'air délicieux !

Emma: Now I'm putting on the frosting. It looks delicious!

Léa : Oui, il est magnifique. On peut enfin le goûter !

Léa: Yes, it looks amazing. We can finally taste it!

Emma : Oui, je suis impatiente ! Allez, on coupe une part.

Emma: Yes, I can't wait! Let's cut a piece.

Léa : Mmm, il est vraiment bon ! Bravo, on a bien travaillé.

Léa: Mmm, it's really good! Well done, we did a great job.

Emma : Oui, c'est réussi. On devrait refaire ça plus souvent !

Emma: Yes, it's a success. We should do this more often!

Léa : Tout à fait. La prochaine fois, on pourrait essayer un gâteau aux fruits.

Léa: Absolutely. Next time, we could try a fruit cake.

Emma : Bonne idée !

Emma: Good idea!

Préparer un repas ensemble

Mathilde : Salut, Lucas ! Prêt à cuisiner ensemble ?

Mathilde: Hi, Lucas! Ready to cook together?

Lucas : Salut, Mathilde ! Oui, je suis prêt. Qu'est-ce qu'on prépare aujourd'hui ?

Lucas: Hi, Mathilde! Yes, I'm ready. What are we making today?

Mathilde : J'ai pensé qu'on pourrait faire des pâtes à la sauce tomate avec des légumes.

Mathilde: I thought we could make pasta with tomato sauce and vegetables.

Lucas : Super idée ! J'adore les pâtes. Par quoi on commence ?

Lucas: Great idea! I love pasta. Where do we start?

Mathilde : D'abord, on doit couper les légumes. Tu peux t'occuper des poivrons et des courgettes ?

Mathilde: First, we need to chop the vegetables. Can you take care of the bell peppers and zucchini?

Lucas : Oui, pas de problème. Je coupe les légumes en petits morceaux ?

Lucas: Yes, no problem. Should I chop the vegetables into small pieces?

Mathilde : Oui, en petits morceaux, ça sera parfait. Moi, je vais m'occuper de l'oignon et de l'ail.

Mathilde: Yes, small pieces will be perfect. I'll handle the onion and garlic.

Lucas : D'accord, je commence. Tu veux que je coupe combien de poivrons ?

Lucas: Okay, I'll start. How many peppers should I cut?

Mathilde : Deux, ça devrait suffire.

Mathilde: Two, that should be enough.

Lucas : Voilà, les poivrons et les courgettes sont prêts. Et maintenant ?

Lucas: Here you go, the peppers and zucchini are ready. What's next?

Mathilde : On va faire revenir l'oignon et l'ail dans une poêle avec un peu d'huile d'olive. Tu veux t'en occuper ?

Mathilde: We'll sauté the onion and garlic in a pan with some olive oil. Do you want to take care of it?

Lucas : Oui, je peux le faire. Je les fais cuire combien de temps ?

Lucas: Yes, I can do that. How long should I cook them?

Mathilde : Juste quelques minutes, jusqu'à ce qu'ils soient dorés. Ensuite, on ajoutera les poivrons et les courgettes.

Mathilde: Just a few minutes, until they're golden. Then, we'll add the peppers and zucchini.

Lucas : D'accord, je surveille ça. Pendant ce temps, tu veux mettre l'eau à bouillir pour les pâtes ?

Lucas: Okay, I'll keep an eye on it. In the meantime, do you want to get the water boiling for the pasta?

Mathilde : Oui, bonne idée. Je vais mettre une grande casserole d'eau sur le feu avec du sel.

Mathilde: Yes, good idea. I'll put a large pot of water on the stove with some salt.

(Quelques minutes plus tard)

(A few minutes later)

Lucas : Les oignons et l'ail sont dorés. J'ajoute les légumes ?

Lucas: The onions and garlic are golden. Should I add the vegetables?

Mathilde : Oui, ajoute-les et fais-les cuire pendant 10 minutes. Je vais ouvrir la boîte de tomates concassées pour la sauce.

Mathilde: Yes, add them and cook for 10 minutes. I'll open the can of crushed tomatoes for the sauce.

Lucas : D'accord. Ça sent déjà super bon !

Lucas: Okay. It already smells amazing!

Mathilde : Oui, j'adore l'odeur des légumes qui cuisent. Tu veux ajouter les tomates maintenant ?

Mathilde: Yes, I love the smell of cooking vegetables. Do you want to add the tomatoes now?

Lucas : Oui, je les mets tout de suite.

Lucas: Yes, I'll put them in right away.

Mathilde : Parfait. Laisse mijoter la sauce pendant que les pâtes cuisent.

Mathilde: Perfect. Let the sauce simmer while the pasta cooks.

Lucas : Je pense que l'eau est prête. Je mets les pâtes dans l'eau ?

Lucas: I think the water is ready. Should I put the pasta in?

Mathilde : Oui, et n'oublie pas de remuer pour qu'elles ne collent pas.

Mathilde: Yes, and don't forget to stir them so they don't stick.

Lucas : Ça marche. Les pâtes cuisent combien de temps ?

Lucas: Got it. How long do the pasta need to cook?

Mathilde : Environ 8 à 10 minutes, selon le paquet.

Mathilde: About 8 to 10 minutes, depending on the package.

(Quelques minutes plus tard)

(A few minutes later)

Lucas : Les pâtes sont prêtes ! Je les égoutte ?

Lucas: The pasta is ready! Should I drain it?

Mathilde : Oui, égoutte-les et on les mélangera avec la sauce.

Mathilde: Yes, drain them, and we'll mix them with the sauce.

Lucas : Voilà, c'est fait. Je verse les pâtes dans la sauce maintenant ?

Lucas: There you go, it's done. Should I pour the pasta into the sauce now?

Mathilde : Oui, mélange bien le tout.

Mathilde: Yes, mix everything well.

Lucas : Ça a l'air délicieux ! On peut ajouter un peu de parmesan par-dessus ?

Lucas: It looks delicious! Can we add a little parmesan on top?

Mathilde : Bonne idée ! Je vais sortir le parmesan.

Mathilde: Good idea! I'll get the parmesan.

Lucas : Mmm, c'est prêt ! On dresse les assiettes ?

Lucas: Mmm, it's ready! Should we plate it up?

Mathilde : Oui, allons-y. On a bien travaillé, ça va être délicieux.

Mathilde: Yes, let's go. We did a great job, it's going to be delicious.

Lucas : Oui, j'ai hâte de goûter !

Lucas: Yes, I can't wait to taste it!

Mathilde : Bon appétit, Lucas !

Mathilde: Enjoy your meal, Lucas!

Lucas : Bon appétit, Mathilde !

Lucas: Enjoy your meal, Mathilde!

À la bibliothèque municipale

Marie : Bonjour, excusez-moi, je cherche le rayon des romans. Vous pouvez m'aider ?

Marie: Hello, excuse me, I'm looking for the fiction section. Can you help me?

Bibliothécaire : Bonjour, bien sûr ! Le rayon des romans est au premier étage, à droite en sortant de l'ascenseur.

Librarian: Hello, of course! The fiction section is on the first floor, to the right when you exit the elevator.

Marie : Merci beaucoup ! Vous avez des suggestions de bons romans ?

Marie: Thank you very much! Do you have any good novel recommendations?

Bibliothécaire : Oui, ça dépend de ce que vous aimez lire. Vous préférez les romans classiques, policiers, ou de la science-fiction ?

Librarian: Yes, it depends on what you like to read. Do you prefer classic novels, crime novels, or science fiction?

Marie : J'aime bien les romans policiers, surtout ceux avec beaucoup de suspense.

Marie: I really like crime novels, especially those with a lot of suspense.

Bibliothécaire : Alors, je vous recommande "Le Silence des Agneaux" de Thomas Harris. C'est un classique du genre, et plein de suspense.

Librarian: Then I recommend *The Silence of the Lambs* by Thomas Harris. It's a classic in the genre, full of suspense.

Marie : Oh, je l'ai déjà lu ! C'était vraiment captivant. Vous en avez un autre à conseiller ?

Marie: Oh, I've already read it! It was really captivating. Do you have another one to recommend?

Bibliothécaire : Oui, vous pourriez essayer "La Vérité sur l'Affaire Harry Quebert" de Joël Dicker. C'est un bon thriller avec une intrigue très bien construite.

Librarian: Yes, you could try *The Truth About the Harry Quebert Affair* by Joël Dicker. It's a good thriller with a well-constructed plot.

Marie : Ça a l'air intéressant. Je vais aller voir si je le trouve.

Marie: That sounds interesting. I'll go see if I can find it.

(Quelques minutes plus tard, après avoir trouvé le livre)

(A few minutes later, after finding the book)

Marie : Bonjour, je voudrais emprunter ce livre, s'il vous plaît.

Marie: Hello, I'd like to borrow this book, please.

Bibliothécaire : Bien sûr, vous avez votre carte de bibliothèque ?

Librarian: Of course, do you have your library card?

Marie : Oui, la voilà.

Marie: Yes, here it is.

Bibliothécaire : Très bien, le livre est disponible pour trois semaines. Vous pouvez le renouveler en ligne si vous avez besoin de plus de temps.

Librarian: Very well, the book is available for three weeks. You can renew it online if you need more time.

Marie : Merci ! Et est-ce que vous avez des livres en anglais ?

Marie: Thank you! And do you have books in English?

Bibliothécaire : Oui, nous avons une section de livres en langues étrangères. Elle est au rez-de-chaussée, juste à côté de l'accueil.

Librarian: Yes, we have a foreign language section. It's on the ground floor, right next to the reception.

Marie : Parfait, je vais aller y jeter un coup d'œil. Merci pour votre aide !

Marie: Perfect, I'll go take a look. Thank you for your help!

Bibliothécaire : Avec plaisir ! Bonne lecture, et à bientôt !

Librarian: You're welcome! Enjoy your reading, and see you soon!

Marie : Merci, à bientôt !

Marie: Thank you, see you soon!

À un concert

Clara : Salut, Julien ! Je ne savais pas que tu venais à ce concert.

Clara: Hi, Julien! I didn't know you were coming to this concert.

Julien : Salut, Clara ! Oui, j'adore ce groupe. Et toi, tu les as déjà vus en live ?

Julien: Hi, Clara! Yes, I love this band. And you, have you seen them live before?

Clara : Non, c'est la première fois. Je suis super excitée de les voir en vrai !

Clara: No, it's my first time. I'm so excited to see them live!

Julien : Moi aussi ! Leur dernier album est vraiment bon. Quelle est ta chanson préférée ?

Julien: Me too! Their latest album is really good. What's your favorite song?

Clara : J'adore "Sous les étoiles", elle est tellement émotive. Et toi ?

Clara: I love *Sous les étoiles*, it's so emotional. And you?

Julien : Oui, c'est une belle chanson. Mais je préfère "À travers le vent". Elle est plus rythmée, parfaite pour un concert.

Julien: Yes, it's a beautiful song. But I prefer *À travers le vent*. It's more upbeat, perfect for a concert.

Clara : Oui, j'espère qu'ils vont la jouer ce soir ! Tu sais à quelle heure ça commence ?

Clara: Yes, I hope they'll play it tonight! Do you know what time it starts?

Julien : Oui, le concert commence dans 10 minutes. On est bien placés ici.

Julien: Yes, the concert starts in 10 minutes. We have good spots here.

Clara : Oui, on est assez proches de la scène. On va bien voir les musiciens.

Clara: Yes, we're pretty close to the stage. We'll get a good view of the musicians.

(Le concert commence)

(The concert starts)

Clara : Waouh, l'ambiance est incroyable !

Clara: Wow, the atmosphere is amazing!

Julien : Oui, le public est super motivé. J'adore l'énergie qu'il y a ici.

Julien: Yes, the crowd is so hyped. I love the energy here.

Clara : Oh, c'est ma chanson préférée ! Je dois filmer ça.

Clara: Oh, it's my favorite song! I have to film this.

Julien : Moi aussi, je vais prendre quelques photos. Ils jouent vraiment bien en live.

Julien: Me too, I'll take a few photos. They're really great live.

(Après le concert)

(After the concert)

Clara : C'était incroyable, tu ne trouves pas ?

Clara: That was incredible, don't you think?

Julien : Oui, vraiment génial ! Leur performance était encore meilleure que sur l'album.

Julien: Yes, really awesome! Their performance was even better than on the album.

Clara : Oui, et ils ont joué toutes mes chansons préférées. Je suis tellement contente d'être venue.

Clara: Yes, and they played all my favorite songs. I'm so happy I came.

Julien : Moi aussi. On devrait revenir la prochaine fois qu'ils sont en ville.

Julien: Me too. We should come back the next time they're in town.

Clara : Absolument ! Et on pourrait inviter d'autres amis.

Clara: Absolutely! And we could invite other friends.

Julien : Bonne idée. Bon, tu veux aller boire quelque chose après le concert ?

Julien: Good idea. So, do you want to grab a drink after the concert?

Clara : Oui, ça serait sympa. Allons-y !

Clara: Yes, that would be nice. Let's go!

Au théâtre

Sarah : Salut, Maxime ! Tu as réussi à avoir des places pour la pièce ?

Sarah: Hi, Maxime! Did you manage to get tickets for the play?

Maxime : Salut, Sarah ! Oui, j'ai pris des places au deuxième rang, on va bien voir la scène.

Maxime: Hi, Sarah! Yes, I got seats in the second row, we'll have a great view of the stage.

Sarah : Génial ! Je suis tellement excitée de voir cette pièce. J'ai entendu dire que les critiques sont très bonnes.

Sarah: Awesome! I'm so excited to see this play. I heard the reviews are really good.

Maxime : Oui, moi aussi. J'adore ce metteur en scène, il fait toujours un travail incroyable.

Maxime: Yes, me too. I love this director, he always does an amazing job.

Sarah : Tu as déjà vu d'autres pièces de lui ?

Sarah: Have you seen any other plays by him?

Maxime : Oui, l'année dernière j'ai vu "L'Avare" de Molière. C'était vraiment bien joué. Et toi, c'est ta première fois au théâtre ?

Maxime: Yes, last year I saw *The Miser* by Molière. It was really well performed. And you, is this your first time at the theater?

Sarah : Non, mais ça fait longtemps que je n'y suis pas allée. J'adore l'ambiance du théâtre, c'est tellement différent du cinéma.

Sarah: No, but it's been a long time since I last went. I love the atmosphere of the theater, it's so different from the cinema.

Maxime : Oui, c'est vrai. Il y a quelque chose de spécial dans le fait de voir les acteurs jouer en direct.

Maxime: Yes, that's true. There's something special about seeing actors perform live.

Sarah : Exactement. Tu sais combien de temps dure la pièce ?

Sarah: Exactly. Do you know how long the play lasts?

Maxime : Oui, elle dure environ deux heures, avec un entracte au milieu.

Maxime: Yes, it lasts about two hours, with an intermission in the middle.

Sarah : Parfait, j'adore les pièces un peu longues. Ça permet vraiment de rentrer dans l'histoire.

Sarah: Perfect, I love longer plays. It really lets you get into the story.

Maxime : Oui, et celle-ci est une comédie, donc ça va être amusant.

Maxime: Yes, and this one is a comedy, so it's going to be fun.

(La pièce commence)

(The play begins)

Sarah : Waouh, la mise en scène est superbe !

Sarah: Wow, the staging is amazing!

Maxime : Oui, les décors sont magnifiques. Et les costumes sont très bien faits aussi.

Maxime: Yes, the set design is beautiful. And the costumes are really well done too.

Sarah : Les acteurs jouent vraiment bien. Ils sont très naturels.

Sarah: The actors are really good. They're very natural.

(Pendant l'entracte)

(During the intermission)

Maxime : Alors, tu aimes la pièce jusqu'à maintenant ?

Maxime: So, are you enjoying the play so far?

Sarah : Oui, c'est super drôle ! Et les dialogues sont vraiment bien écrits.

Sarah: Yes, it's really funny! And the dialogue is really well written.

Maxime : Oui, je suis d'accord. J'ai hâte de voir la deuxième partie.

Maxime: Yes, I agree. I can't wait to see the second part.

Sarah : Moi aussi ! On va prendre quelque chose à boire pendant l'entracte ?

Sarah: Me too! Shall we get something to drink during the intermission?

Maxime : Bonne idée. Allons-y.

Maxime: Good idea. Let's go.

(Après la pièce)

(After the play)

Sarah : C'était génial ! J'ai vraiment adoré la fin, elle était surprenante !

Sarah: That was amazing! I really loved the ending, it was so surprising!

Maxime : Oui, moi aussi. Je ne m'attendais pas à ce dénouement.

Maxime: Yes, me too. I didn't expect that twist.

Sarah : On devrait revenir plus souvent au théâtre. C'est toujours une belle expérience.

Sarah: We should go to the theater more often. It's always such a great experience.

Maxime : Oui, absolument. Je vais regarder quelles autres pièces sont à l'affiche.

Maxime: Yes, absolutely. I'll check what other plays are showing.

Sarah : Super, tiens-moi au courant !

Sarah: Great, keep me posted!

Maxime : Bien sûr, à la prochaine pièce alors !

Maxime: Of course, see you at the next play then!

À un événement sportif

Paul : Salut, Léa ! Tu es venue voir le match aussi ?

Paul: Hi, Léa! Did you come to watch the match too?

Léa : Salut, Paul ! Oui, je ne pouvais pas manquer ça. J'adore ce genre de match !

Léa: Hi, Paul! Yes, I couldn't miss this. I love this kind of match!

Paul : Oui, moi aussi. L'ambiance est incroyable. Tu supportes quelle équipe ?

Paul: Yes, me too. The atmosphere is amazing. Which team are you supporting?

Léa : Je suis pour l'équipe locale, bien sûr ! Et toi ?

Léa: I'm for the local team, of course! And you?

Paul : Moi aussi, je les soutiens depuis toujours. Ils ont une bonne chance de gagner aujourd'hui, non ?

Paul: Me too, I've supported them forever. They've got a good chance of winning today, right?

Léa : Oui, ils jouent bien cette saison. Leur attaquant est vraiment en forme.

Léa: Yes, they're playing well this season. Their striker is really on form.

Paul : C'est vrai. Il a marqué beaucoup de buts récemment. Tu viens souvent voir des matchs au stade ?

Paul: That's true. He's scored a lot of goals recently. Do you come to watch matches at the stadium often?

Léa : Pas très souvent, mais j'essaie de venir quand je peux. C'est toujours plus excitant en direct.

Léa: Not very often, but I try to come when I can. It's always more exciting live.

Paul : Oui, regarder un match au stade, c'est différent de le regarder à la télé. L'énergie du public est incroyable.

Paul: Yes, watching a match at the stadium is different from watching it on TV. The crowd's energy is incredible.

Léa : Tu as raison. Regarde, le match va commencer !

Léa: You're right. Look, the match is about to start!

(Le match commence)

(The match starts)

Léa : Waouh, quel début ! Ils sont très offensifs aujourd'hui.

Léa: Wow, what a start! They're really on the offensive today.

Paul : Oui, ils sont rapides. J'espère qu'ils vont marquer rapidement.

Paul: Yes, they're fast. I hope they score quickly.

(Quelques minutes plus tard)

(A few minutes later)

Paul : But !!! C'était un tir parfait !

Paul: Goal!!! That was a perfect shot!

Léa : Oui, quel but incroyable ! Tout le monde est en train de célébrer.

Léa: Yes, what an incredible goal! Everyone is celebrating.

Paul : Ça fait du bien de voir notre équipe prendre l'avantage. Ils doivent continuer comme ça.

Paul: It feels good to see our team take the lead. They need to keep it up.

Léa : Oui, mais l'autre équipe est forte aussi. On doit rester concentrés.

Léa: Yes, but the other team is strong too. We need to stay focused.

(À la mi-temps)

(At halftime)

Paul : C'est un bon match jusqu'à présent. On va chercher quelque chose à boire pendant la pause ?

Paul: It's a good match so far. Shall we get something to drink during the break?

Léa : Oui, bonne idée. Allons au stand de boissons.

Léa: Yes, good idea. Let's go to the drinks stand.

(Après avoir pris des boissons)

(After getting drinks)

Paul : Alors, tu penses qu'on va gagner ?

Paul: So, do you think we'll win?

Léa : J'espère ! Si on continue à jouer comme en première mi-temps, on a de bonnes chances.

Léa: I hope so! If we keep playing like we did in the first half, we have a good chance.

Paul : Oui, je pense aussi. Le match reprend, retournons à nos places.

Paul: Yes, I think so too. The match is starting again, let's go back to our seats.

(À la fin du match)

(At the end of the match)

Léa : Oui ! On a gagné !

Léa: Yes! We won!

Paul : C'était un super match, ils ont vraiment bien joué.

Paul: That was a great match, they played really well.

Léa : Oui, je suis tellement contente. On devrait venir plus souvent aux matchs.

Léa: Yes, I'm so happy. We should come to matches more often.

Paul : C'est clair ! On pourra revenir pour le prochain match à domicile.

Paul: Definitely! We could come back for the next home game.

Léa : Oui, je suis partante !

Léa: Yes, I'm in!

Au zoo

Lucas : Salut, Emma ! Tu es prête pour la visite du zoo ?

Lucas: Hi, Emma! Are you ready for the zoo visit?

Emma : Salut, Lucas ! Oui, j'adore les animaux, j'ai hâte de tout voir.

Emma: Hi, Lucas! Yes, I love animals, I can't wait to see everything.

Lucas : Moi aussi. Par où on commence ?

Lucas: Me too. Where should we start?

Emma : On pourrait commencer par la zone des animaux sauvages. J'ai vu sur la carte qu'il y a des lions et des tigres.

Emma: We could start with the wild animal area. I saw on the map that there are lions and tigers.

Lucas : Oui, bonne idée. J'adore les grands félins. Allons-y !

Lucas: Yes, good idea. I love big cats. Let's go!

(Ils arrivent devant l'enclos des lions)

(They arrive at the lion enclosure)

Emma : Regarde, les lions sont juste là, ils dorment à l'ombre.

Emma: Look, the lions are right there, sleeping in the shade.

Lucas : Oui, ils sont énormes ! On dirait qu'ils se reposent après avoir mangé.

Lucas: Yes, they're huge! It looks like they're resting after eating.

Emma : C'est impressionnant de les voir de si près. Tu as vu le panneau ? Un lion peut dormir jusqu'à 20 heures par jour !

Emma: It's impressive to see them so close. Did you see the sign? A lion can sleep up to 20 hours a day!

Lucas : Waouh, je ne savais pas ça. C'est une vraie vie de roi !

Lucas: Wow, I didn't know that. That's a real king's life!

Emma : (rires) Oui, vraiment. Allons voir les tigres maintenant.

Emma: (laughs) Yes, really. Let's go see the tigers now.

(Ils continuent leur visite et arrivent devant l'enclos des tigres)

(They continue their visit and arrive at the tiger enclosure)

Lucas : Regarde, il y a un tigre qui marche près de la vitre.

Lucas: Look, there's a tiger walking near the glass.

Emma : Il est magnifique ! Ses rayures sont vraiment impressionnantes.

Emma: He's magnificent! His stripes are really impressive.

Lucas : Oui, c'est incroyable. Tu savais que chaque tigre a un motif de rayures unique, comme des empreintes digitales ?

Lucas: Yes, it's incredible. Did you know that each tiger has a unique stripe pattern, like fingerprints?

Emma : Non, je ne savais pas, c'est fascinant !

Emma: No, I didn't know that, it's fascinating!

Lucas : Oui, la nature est incroyable. Tu veux qu'on aille voir les girafes maintenant ?

Lucas: Yes, nature is amazing. Do you want to go see the giraffes now?

Emma : Oui, j'adore les girafes. Elles sont tellement élégantes avec leur long cou.

Emma: Yes, I love giraffes. They're so elegant with their long necks.

(Ils arrivent à l'enclos des girafes)

(They arrive at the giraffe enclosure)

Emma : Waouh, elles sont vraiment grandes ! Elles mangent des feuilles en haut des arbres.

Emma: Wow, they're really tall! They're eating leaves from the tops of the trees.

Lucas : Oui, elles peuvent mesurer jusqu'à 6 mètres. C'est impressionnant.

Lucas: Yes, they can be up to 6 meters tall. It's impressive.

Emma : Regarde ce bébé girafe ! Il est trop mignon.

Emma: Look at that baby giraffe! It's so cute.

Lucas : Oui, il est encore petit, mais il fait déjà presque deux mètres !

Lucas: Yes, it's still small, but it's already almost two meters tall!

Emma : C'est fou comme ils grandissent vite. Tu veux aller voir les singes maintenant ?

Emma: It's crazy how fast they grow. Do you want to go see the monkeys now?

Lucas : Oui, allons voir. Les singes sont toujours amusants à regarder.

Lucas: Yes, let's go. Monkeys are always fun to watch.

(Ils arrivent dans la zone des singes)

(They arrive at the monkey area)

Emma : Regarde celui-là, il est en train de jouer avec une branche.

Emma: Look at that one, it's playing with a branch.

Lucas : Oui, ils sont vraiment intelligents et plein d'énergie. Ils font toujours des trucs drôles.

Lucas: Yes, they're really smart and full of energy. They always do funny things.

Emma : C'est vrai, ils ressemblent un peu à des enfants qui jouent.

Emma: It's true, they're a bit like kids playing.

Lucas : Oui, c'est ce que j'adore chez eux. Tu veux qu'on prenne un petit snack avant de continuer la visite ?

Lucas: Yes, that's what I love about them. Do you want to grab a snack before we continue the visit?

Emma : Oui, bonne idée. Il y a un stand juste là-bas.

Emma: Yes, good idea. There's a stand right over there.

Lucas : Parfait, après on pourra aller voir les éléphants.

Lucas: Perfect, after that we can go see the elephants.

Emma : Oui, j'ai hâte de les voir aussi !

Emma: Yes, I'm excited to see them too!

À la piscine

Camille : Salut, Max ! Prêt pour une après-midi à la piscine ?

Camille: Hi, Max! Ready for an afternoon at the pool?

Max : Salut, Camille ! Oui, j'ai vraiment envie de me rafraîchir. Il fait tellement chaud aujourd'hui.

Max: Hi, Camille! Yes, I really want to cool off. It's so hot today.

Camille : Oui, c'est vrai. L'eau doit être parfaite avec cette chaleur. Tu veux commencer par nager un peu ?

Camille: Yes, that's true. The water must be perfect with this heat. Do you want to start with a swim?

Max : Oui, bonne idée. On fait quelques longueurs ?

Max: Yes, good idea. Shall we do a few laps?

Camille : D'accord, on peut faire deux ou trois longueurs pour s'échauffer.

Camille: Okay, we can do two or three laps to warm up.

(Après quelques longueurs)

(After a few laps)

Max : Waouh, ça fait du bien de nager ! L'eau est vraiment agréable.

Max: Wow, it feels so good to swim! The water is really nice.

Camille : Oui, c'est super rafraîchissant. Tu veux aller dans la zone des plongeoirs ?

Camille: Yes, it's super refreshing. Do you want to go to the diving area?

Max : Oui, pourquoi pas ! Mais je n'ai pas plongé depuis longtemps, je vais peut-être juste sauter.

Max: Yes, why not! But I haven't dived in a long time, I might just jump.

Camille : Moi aussi, je préfère sauter. On y va ensemble ?

Camille: Me too, I prefer jumping. Shall we go together?

Max : D'accord, allons-y.

Max: Okay, let's go.

(Ils sautent dans l'eau)

(They jump into the water)

Camille : C'était amusant ! J'adore sauter dans l'eau.

Camille: That was fun! I love jumping into the water.

Max : Oui, c'était cool ! Maintenant, je vais peut-être aller m'asseoir un peu au bord de la piscine et me détendre.

Max: Yes, that was cool! Now, I might sit by the pool for a bit and relax.

Camille : Bonne idée. On peut aussi prendre un verre au snack. J'ai vu qu'ils vendent des boissons fraîches.

Camille: Good idea. We could also grab a drink at the snack bar. I saw they sell cold drinks.

Max : Oui, ça me tente bien. On pourrait boire quelque chose et ensuite retourner dans l'eau.

Max: Yes, that sounds good. We could have something to drink and then go back into the water.

(Ils vont au snack et commandent des boissons)

(They go to the snack bar and order drinks)

Camille : Un jus d'orange pour moi, s'il vous plaît.

Camille: An orange juice for me, please.

Max : Et pour moi, un soda.

Max: And for me, a soda.

(Après avoir bu)

(After drinking)

Max : Ça fait du bien ! On retourne à l'eau ?

Max: That feels good! Shall we go back in the water?

Camille : Oui, allons-y. Je vais faire encore quelques longueurs.

Camille: Yes, let's go. I'm going to do a few more laps.

Max : Moi aussi. Peut-être qu'après on pourrait aller dans le petit bain pour se détendre un peu.

Max: Me too. Maybe after we could go to the shallow pool to relax a bit.

Camille : Oui, ça sera parfait pour finir la journée.

Camille: Yes, that would be perfect to end the day.

(Après la baignade)

(After swimming)

Max : C'était une super après-midi ! On devrait revenir la semaine prochaine.

Max: That was a great afternoon! We should come back next week.

Camille : Oui, c'est une bonne idée. J'adore passer du temps à la piscine.

Camille: Yes, that's a good idea. I love spending time at the pool.

Max : Moi aussi. À la semaine prochaine alors !

Max: Me too. See you next week then!

Partir en randonnée

Léa : Salut, Thomas ! Prêt pour notre randonnée ?

Léa: Hi, Thomas! Ready for our hike?

Thomas : Salut, Léa ! Oui, j'ai hâte de commencer. Le temps est parfait pour marcher.

Thomas: Hi, Léa! Yes, I can't wait to start. The weather is perfect for walking.

Léa : Oui, il fait beau, mais pas trop chaud. Tu as pris tout ce qu'il faut ?

Léa: Yes, it's nice out, but not too hot. Did you bring everything you need?

Thomas : Oui, j'ai de l'eau, un sandwich et un chapeau pour me protéger du soleil. Et toi ?

Thomas: Yes, I have water, a sandwich, and a hat to protect myself from the sun. And you?

Léa : Pareil. J'ai aussi pris de la crème solaire et une petite trousse de secours, au cas où.

Léa: Same here. I also brought sunscreen and a small first-aid kit, just in case.

Thomas : C'est une bonne idée. On est prêts alors. Le chemin commence par là, près des arbres.

Thomas: That's a good idea. We're ready then. The path starts over there, near the trees.

Léa : Super, on y va. J'adore marcher dans la nature, c'est tellement calme et apaisant.

Léa: Great, let's go. I love walking in nature, it's so calm and peaceful.

(Ils commencent à marcher)

(They start walking)

Thomas : Oui, c'est agréable de quitter la ville et de profiter du silence. Regarde, on peut déjà voir les montagnes au loin.

Thomas: Yes, it's nice to leave the city and enjoy the silence. Look, we can already see the mountains in the distance.

Léa : Oui, c'est magnifique. J'adore la vue ici. Le sentier est un peu raide, mais ça en vaut la peine.

Léa: Yes, it's beautiful. I love the view here. The trail is a bit steep, but it's worth it.

Thomas : Oui, ça monte un peu, mais je pense qu'on va bientôt arriver à la première pause.

Thomas: Yes, it's a bit of a climb, but I think we'll reach the first rest spot soon.

(Après un moment de marche)

(After walking for a while)

Léa : On est presque au sommet ! C'est plus fatigant que je ne le pensais, mais ça fait du bien de faire de l'exercice.

Léa: We're almost at the top! It's more tiring than I thought, but it feels good to exercise.

Thomas : Oui, je suis un peu fatigué aussi, mais on est presque arrivés. Ça va être génial de voir la vue d'en haut.

Thomas: Yes, I'm a bit tired too, but we're almost there. The view from the top is going to be amazing.

Léa : Oh, regarde, il y a un banc là-bas. On pourrait faire une petite pause.

Léa: Oh, look, there's a bench over there. We could take a short break.

Thomas : Bonne idée. On s'assoit et on boit un peu d'eau ?

Thomas: Good idea. Shall we sit down and drink some water?

(Ils font une pause)

(They take a break)

Léa : Mmm, ça fait du bien. Tu veux manger ton sandwich maintenant ou attendre d'être au sommet ?

Léa: Mmm, that feels good. Do you want to eat your sandwich now or wait until we're at the top?

Thomas : Je vais attendre un peu. Je préfère manger en admirant la vue au sommet.

Thomas: I'll wait a bit. I'd rather eat while enjoying the view at the top.

Léa : Oui, moi aussi. On repart ?

Léa: Yes, me too. Shall we continue?

Thomas : Allez, c'est parti !

Thomas: Let's go!

(Ils continuent la marche)

(They continue walking)

Léa : Regarde, on y est ! La vue est incroyable d'ici.

Léa: Look, we made it! The view is incredible from here.

Thomas : Waouh, c'est magnifique. On voit tout autour, les montagnes, la forêt... ça valait vraiment l'effort.

Thomas: Wow, it's beautiful. You can see everything—the mountains, the forest… it was definitely worth the effort.

Léa : Oui, c'est superbe. On s'assoit là pour manger ?

Léa: Yes, it's gorgeous. Shall we sit here to eat?

Thomas : Oui, je pense que c'est l'endroit idéal.

Thomas: Yes, I think this is the perfect spot.

(Ils mangent leur pique-nique)

(They eat their picnic)

Léa : C'était une super randonnée. On devrait en faire plus souvent.

Léa: That was a great hike. We should do this more often.

Thomas : Oui, je suis d'accord. Ça fait vraiment du bien de passer du temps en plein air.

Thomas: Yes, I agree. It really feels good to spend time outdoors.

Léa : On pourrait essayer un autre sentier la prochaine fois. Il y en a plein dans la région.

Léa: We could try another trail next time. There are plenty in the area.

Thomas : Bonne idée. On se planifie ça bientôt ?

Thomas: Good idea. Shall we plan that soon?

Léa : Oui, avec plaisir. Allez, on redescend tranquillement maintenant.

Léa: Yes, with pleasure. Let's head down slowly now.

Thomas : Oui, c'est parti.

Thomas: Yes, let's go.

Au pique-nique dans le parc

Emma : Salut, Julien ! C'est un super endroit pour un pique-nique, tu ne trouves pas ?

Emma: Hi, Julien! This is a great spot for a picnic, don't you think?

Julien : Salut, Emma ! Oui, c'est parfait. Il fait beau et il y a de l'ombre sous ces arbres.

Julien: Hi, Emma! Yes, it's perfect. The weather is nice, and there's shade under these trees.

Emma : Oui, et c'est tranquille ici. Tu as apporté quoi à manger ?

Emma: Yes, and it's quiet here. What did you bring to eat?

Julien : J'ai fait des sandwichs au jambon et au fromage, et j'ai aussi pris des fruits. Et toi ?

Julien: I made ham and cheese sandwiches, and I also brought some fruit. And you?

Emma : Moi, j'ai préparé une salade de pâtes et des chips. Ah, et j'ai aussi du jus de fruits !

Emma: I made a pasta salad and brought some chips. Oh, and I also have some fruit juice!

Julien : Génial ! On a tout ce qu'il faut. On commence par manger ou tu veux d'abord te reposer un peu ?

Julien: Great! We have everything we need. Should we start eating or do you want to rest a bit first?

Emma : On peut manger tout de suite, je commence à avoir faim.

Emma: We can eat right away, I'm starting to get hungry.

Julien : D'accord, allons-y. Passe-moi une assiette, s'il te plaît.

Julien: Okay, let's go. Pass me a plate, please.

Emma : Voilà. Tu veux de la salade de pâtes ?

Emma: Here you go. Do you want some pasta salad?

Julien : Oui, s'il te plaît. Ça a l'air délicieux.

Julien: Yes, please. It looks delicious.

(Ils commencent à manger)

(They start eating)

Emma : Mmm, c'est bon ! Tu as bien fait de préparer des sandwichs, ça va bien avec la salade.

Emma: Mmm, it's good! You made a great choice with the sandwiches, they go well with the salad.

Julien : Merci ! J'adore les pique-niques. Ça fait du bien de manger dehors.

Julien: Thanks! I love picnics. It feels good to eat outside.

Emma : Oui, c'est tellement agréable. Et après, on pourra faire une petite balade dans le parc.

Emma: Yes, it's so nice. And afterward, we can take a little walk in the park.

Julien : Oui, bonne idée. On pourra aussi jouer au frisbee si tu veux. J'ai pensé à l'apporter.

Julien: Yes, good idea. We can also play frisbee if you want. I remembered to bring it.

Emma : Super ! Ça fait longtemps que je n'ai pas joué au frisbee.

Emma: Great! It's been a while since I last played frisbee.

(Après le repas)

(After the meal)

Julien : Ça te dit de manger un fruit ? Il y a des pommes et des bananes.

Julien: Do you want a piece of fruit? There are apples and bananas.

Emma : Je vais prendre une pomme, merci. Et toi ?

Emma: I'll take an apple, thanks. And you?

Julien : Moi aussi, une pomme.

Julien: Me too, an apple.

(Ils mangent leurs fruits)

(They eat their fruit)

Emma : Bon, on se repose un peu, puis on va se balader ?

Emma: Well, let's rest a bit, and then we'll go for a walk?

Julien : Oui, ça marche. On peut marcher le long du lac, c'est joli là-bas.

Julien: Yes, that works. We can walk along the lake, it's beautiful over there.

Emma : D'accord, j'adore les vues près de l'eau. Et après la balade, on pourra jouer au frisbee.

Emma: Okay, I love the views by the water. And after the walk, we can play frisbee.

Julien : Parfait ! On va bien profiter de cette belle journée.

Julien: Perfect! We're going to make the most of this beautiful day.

Parler des animaux de compagnie

Claire : Salut, Paul ! Tu as des animaux à la maison ?

Claire: Hi, Paul! Do you have any pets at home?

Paul : Salut, Claire ! Oui, j'ai un chien. Il s'appelle Max. Et toi, tu as des animaux ?

Paul: Hi, Claire! Yes, I have a dog. His name is Max. And you, do you have any pets?

Claire : Oui, j'ai un chat. Il s'appelle Luna. Elle est trop mignonne !

Claire: Yes, I have a cat. Her name is Luna. She's so cute!

Paul : J'adore les chats. Luna est de quelle race ?

Paul: I love cats. What breed is Luna?

Claire : C'est un chat européen. Elle a le poil gris avec des yeux verts. Et ton chien, il est de quelle race ?

Claire: She's a European Shorthair. She has grey fur with green eyes. And your dog, what breed is he?

Paul : Max est un labrador. Il est très joueur et adore courir dans le parc.

Paul: Max is a Labrador. He's very playful and loves running in the park.

Claire : Oh, les labradors sont des chiens super gentils. Il est encore jeune ?

Claire: Oh, Labradors are such gentle dogs. Is he still young?

Paul : Oui, il a deux ans. Il a beaucoup d'énergie !

Paul: Yes, he's two years old. He has a lot of energy!

Claire : Je comprends ! Mon chat, par contre, est très calme. Elle aime surtout dormir et chasser des petits insectes dans le jardin.

Claire: I understand! My cat, on the other hand, is very calm. She mostly loves sleeping and chasing little bugs in the garden.

Paul : C'est ce que font tous les chats, non ? Ils adorent se prélasser au soleil. Max, lui, aime bien jouer à la balle et chercher des bâtons.

Paul: That's what all cats do, right? They love basking in the sun. Max, on the other hand, loves playing fetch and chasing sticks.

Claire : C'est amusant. Tu l'emmènes souvent en promenade ?

Claire: That's fun. Do you take him on walks often?

Paul : Oui, presque tous les jours. Il adore ça. Et toi, Luna sort-elle souvent ou reste-t-elle à l'intérieur ?

Paul: Yes, almost every day. He loves it. And Luna, does she go out often, or does she stay indoors?

Claire : Elle aime bien sortir dans le jardin, mais elle préfère rester à l'intérieur la plupart du temps.

Claire: She likes going out in the garden, but she prefers staying inside most of the time.

Paul : C'est vrai que les chats sont plus indépendants. Max, lui, a toujours besoin d'attention.

Paul: It's true that cats are more independent. Max, on the other hand, always needs attention.

Claire : Oui, c'est vrai. Mais j'aime bien que mon chat soit calme. C'est reposant quand je rentre du travail.

Claire: Yes, that's true. But I like that my cat is calm. It's relaxing when I come home from work.

Paul : Oui, je comprends. J'adore mon chien, mais parfois il est un peu trop actif !

Paul: Yes, I understand. I love my dog, but sometimes he's a bit too energetic!

Claire : (rires) C'est sûr qu'avec un chien, il faut toujours être prêt à bouger.

Claire: (laughs) It's true that with a dog, you always have to be ready to move.

Paul : Exactement. Mais au final, ils nous apportent beaucoup de bonheur.

Paul: Exactly. But in the end, they bring us so much happiness.

Claire : Oui, je suis d'accord. Les animaux de compagnie rendent vraiment la vie plus joyeuse.

Claire: Yes, I agree. Pets really make life more joyful.

Paul : Peut-être qu'un jour, je prendrai un chat aussi.

Paul: Maybe one day I'll get a cat too.

Claire : Et moi, peut-être un jour je prendrai un chien !

Claire: And me, maybe one day I'll get a dog!

Planifier une fête surprise

Sophie : Salut, Julien ! Tu as entendu ? On organise une fête surprise pour l'anniversaire de Paul.

Sophie: Hi, Julien! Have you heard? We're organizing a surprise party for Paul's birthday.

Julien : Salut, Sophie ! Non, je ne savais pas. C'est une super idée ! Quand est-ce que ça se passe ?

Julien: Hi, Sophie! No, I didn't know. That's a great idea! When is it happening?

Sophie : La fête est prévue pour samedi soir, à 19h. On veut vraiment que ce soit une surprise totale.

Sophie: The party is scheduled for Saturday evening, at 7 p.m. We really want it to be a complete surprise.

Julien : Génial ! Je suis partant. Qu'est-ce que je peux faire pour aider ?

Julien: Awesome! I'm in. What can I do to help?

Sophie : On a besoin d'aide pour la décoration. On va décorer la salle avec des ballons et des banderoles avant que Paul arrive.

Sophie: We need help with the decorations. We're going to decorate the room with balloons and banners before Paul arrives.

Julien : Pas de problème, je peux venir plus tôt pour aider à tout préparer.

Julien: No problem, I can come earlier to help set everything up.

Sophie : Super ! On se retrouve à 17h pour installer tout ça.

Sophie: Great! Let's meet at 5 p.m. to set everything up.

Julien : D'accord. Est-ce qu'on a prévu de la musique aussi ?

Julien: Alright. Have we planned the music too?

Sophie : Oui, Emma s'occupe de la playlist. Elle a choisi des chansons que Paul adore.

Sophie: Yes, Emma is in charge of the playlist. She picked songs that Paul loves.

Julien : Parfait. Et pour la nourriture, qui s'en occupe ?

Julien: Perfect. And who's taking care of the food?

Sophie : Chloé va préparer des petits plats et moi, je vais acheter un grand gâteau d'anniversaire.

Sophie: Chloé is preparing some snacks, and I'm going to buy a big birthday cake.

Julien : Mmm, ça va être délicieux ! Est-ce qu'il faut que j'apporte quelque chose ?

Julien: Mmm, that's going to be delicious! Should I bring something?

Sophie : Si tu veux, tu peux apporter des boissons. On n'en a jamais trop !

Sophie: If you want, you can bring some drinks. You can never have too many!

Julien : Bonne idée, je vais apporter des jus de fruits et quelques bouteilles de soda.

Julien: Good idea, I'll bring some fruit juices and a few bottles of soda.

Sophie : Parfait ! Et surtout, n'oublie pas de garder le secret. Paul ne doit rien savoir !

Sophie: Perfect! And most importantly, don't forget to keep it a secret. Paul mustn't know anything!

Julien : Ne t'inquiète pas, je ne dirai rien. Comment est-ce qu'on va faire pour l'amener à la fête sans qu'il se doute de quelque chose ?

Julien: Don't worry, I won't say a thing. How are we going to get him to the party without him suspecting anything?

Sophie : Antoine va l'inviter à "dîner" et ils arriveront ensemble à la salle. Quand ils entreront, tout le monde criera "Surprise !"

Sophie: Antoine is going to invite him to "dinner," and they'll arrive together at the venue. When they walk in, everyone will shout "Surprise!"

Julien : Ah, c'est un super plan ! Paul va être tellement surpris.

Julien: Ah, that's a great plan! Paul is going to be so surprised.

Sophie : Oui, j'ai hâte de voir sa tête. Ça va être un moment inoubliable.

Sophie: Yes, I can't wait to see his face. It's going to be an unforgettable moment.

Julien : Je suis vraiment impatient. Ça va être une super soirée !

Julien: I'm really looking forward to it. It's going to be an amazing evening!

Sophie : Oui, ça va être génial. Alors, rendez-vous samedi à 17h pour les préparatifs !

Sophie: Yes, it's going to be awesome. So, see you on Saturday at 5 p.m. for the preparations!

Julien : Parfait, à samedi !

Julien: Perfect, see you Saturday!

Aller à la plage

Marie : Salut, Lucas ! Ça te dit d'aller à la plage cet après-midi ?

Marie: Hi, Lucas! Do you feel like going to the beach this afternoon?

Lucas : Salut, Marie ! Oui, ça me dit bien. Il fait beau, c'est parfait pour se détendre au bord de l'eau.

Lucas: Hi, Marie! Yes, I'm up for it. The weather is nice, it's perfect for relaxing by the water.

Marie : Oui, et il fait chaud, donc on pourra se baigner aussi. Tu as déjà tout ce qu'il faut ?

Marie: Yes, and it's hot, so we can swim too. Do you have everything you need?

Lucas : Oui, j'ai mon maillot de bain, une serviette et de la crème solaire. Et toi ?

Lucas: Yes, I've got my swimsuit, a towel, and sunscreen. What about you?

Marie : J'ai tout aussi. J'ai pris de l'eau et quelques snacks pour grignoter.

Marie: I've got everything too. I brought some water and a few snacks to nibble on.

Lucas : Super ! On se retrouve à quelle heure ?

Lucas: Great! What time should we meet?

Marie : Que dirais-tu de 14h ? Comme ça, on a tout l'après-midi pour profiter du soleil.

Marie: How about 2 p.m.? That way, we have the whole afternoon to enjoy the sun.

Lucas : Ça me va. Je viendrai te chercher en voiture.

Lucas: Sounds good. I'll pick you up in the car.

(Plus tard, à la plage)

(Later, at the beach)

Lucas : C'est agréable ici, il y a juste assez de monde, mais ce n'est pas trop bondé.

Lucas: It's nice here, there are just enough people, but it's not too crowded.

Marie : Oui, et l'eau est magnifique. On pose nos serviettes là, près de l'eau ?

Marie: Yes, and the water is beautiful. Should we put our towels down here, near the water?

Lucas : Oui, ça me semble parfait.

Lucas: Yes, that seems perfect.

(Ils s'installent sur leurs serviettes)

(They set up their towels)

Marie : Tu veux te baigner tout de suite ou on se repose un peu d'abord ?

Marie: Do you want to swim right away or rest a bit first?

Lucas : J'irais bien me baigner. L'eau a l'air tellement rafraîchissante.

Lucas: I'd like to go for a swim. The water looks so refreshing.

Marie : Oui, allons-y !

Marie: Yes, let's go!

(Après une baignade)

(After a swim)

Lucas : Ah, ça fait vraiment du bien ! L'eau est parfaite.

Lucas: Ah, that feels so good! The water is perfect.

Marie : Oui, elle est juste à la bonne température. On retourne à nos serviettes ?

Marie: Yes, it's just the right temperature. Should we go back to our towels?

Lucas : Oui, je vais m'allonger un peu et bronzer.

Lucas: Yes, I'm going to lie down a bit and tan.

Marie : Moi aussi, je vais lire un peu. J'ai apporté un bon livre.

Marie: Me too, I'm going to read a bit. I brought a good book.

Lucas : C'est une bonne idée. Après, on pourrait faire une petite balade le long de la plage.

Lucas: That's a good idea. Afterward, we could take a little walk along the beach.

Marie : Oui, et peut-être construire un château de sable ! Ça fait longtemps que je n'en ai pas fait.

Marie: Yes, and maybe build a sandcastle! It's been a long time since I've done that.

Lucas : (rires) Oui, pourquoi pas ! Ça pourrait être amusant.

Lucas: (laughs) Yes, why not! That could be fun.

(Plus tard, après s'être reposés)

(Later, after resting)

Marie : Tu veux faire une balade maintenant ?

Marie: Do you want to go for a walk now?

Lucas : Oui, allons marcher un peu. Il y a un coin avec des rochers un peu plus loin, on pourrait aller voir.

Lucas: Yes, let's walk a bit. There's a spot with some rocks a bit further, we could go check it out.

Marie : Bonne idée, et après on pourra peut-être manger un peu.

Marie: Good idea, and afterward we could maybe eat a bit.

Lucas : Oui, je commence à avoir faim aussi. Les snacks que tu as apportés vont être parfaits.

Lucas: Yes, I'm starting to get hungry too. The snacks you brought will be perfect.

Marie : Allez, c'est parti !

Marie: Let's go!

Chez le coiffeur

Coiffeuse : Bonjour, vous avez rendez-vous ?

Hairdresser: Hello, do you have an appointment?

Julie : Bonjour, oui, j'ai rendez-vous à 14h pour une coupe.

Julie: Hello, yes, I have an appointment at 2 p.m. for a haircut.

Coiffeuse : Parfait, installez-vous ici. Alors, qu'est-ce que je fais pour vous aujourd'hui ?

Hairdresser: Perfect, have a seat here. So, what can I do for you today?

Julie : J'aimerais couper environ 5 centimètres, et peut-être un dégradé pour donner un peu de volume.

Julie: I'd like to cut about 5 centimeters off, and maybe add some layers for volume.

Coiffeuse : D'accord, et vous voulez garder votre longueur générale ou raccourcir un peu plus ?

Hairdresser: Okay, and do you want to keep your overall length or shorten it a bit more?

Julie : Non, je préfère garder la longueur, juste enlever les pointes abîmées.

Julie: No, I'd prefer to keep the length, just trim the damaged ends.

Coiffeuse : Très bien. Et pour la frange, vous voulez la couper aussi ou la laisser comme elle est ?

Hairdresser: Very well. And for your bangs, do you want to cut them too or leave them as they are?

Julie : Je pense qu'on pourrait la couper légèrement, mais pas trop court.

Julie: I think we could trim them a bit, but not too short.

Coiffeuse : D'accord, je vais m'en occuper. Vous voulez aussi un brushing à la fin ?

Hairdresser: Alright, I'll take care of it. Do you want a blow-dry at the end as well?

Julie : Oui, je veux bien, avec des cheveux lisses, s'il vous plaît.

Julie: Yes, please, with straight hair.

(La coiffeuse commence à couper les cheveux)

(The hairdresser starts cutting the hair)

Coiffeuse : Vous venez souvent ici ?

Hairdresser: Do you come here often?

Julie : Pas très souvent, tous les deux ou trois mois. Et vous, vous travaillez ici depuis longtemps ?

Julie: Not very often, every two or three months. And you, have you worked here for a long time?

Coiffeuse : Oui, ça fait cinq ans que je travaille dans ce salon. J'aime beaucoup mon métier.

Hairdresser: Yes, I've been working in this salon for five years. I really love my job.

Julie : C'est sympa. Vous devez rencontrer plein de gens différents chaque jour.

Julie: That's nice. You must meet a lot of different people every day.

Coiffeuse : Oui, c'est vrai. C'est ce qui rend le travail intéressant.

Hairdresser: Yes, that's true. That's what makes the job interesting.

(Après la coupe)

(After the haircut)

Coiffeuse : Voilà, c'est fini. Qu'en pensez-vous ?

Hairdresser: There, it's done. What do you think?

Julie : C'est parfait, exactement ce que je voulais. Merci beaucoup !

Julie: It's perfect, exactly what I wanted. Thank you so much!

Coiffeuse : Avec plaisir. Je vais maintenant faire le brushing.

Hairdresser: You're welcome. I'll do the blow-dry now.

(Après le brushing)

(After the blow-dry)

Coiffeuse : Et voilà, vos cheveux sont lisses et brillants !

Hairdresser: There you go, your hair is smooth and shiny!

Julie : C'est magnifique, merci encore !

Julie: It's beautiful, thank you again!

Coiffeuse : De rien. Vous passez à la caisse, et si vous voulez reprendre un rendez-vous pour plus tard, n'hésitez pas.

Hairdresser: You're welcome. You can go to the checkout, and if you want to book another appointment for later, don't hesitate.

Julie : D'accord, merci. Je vais certainement revenir ici la prochaine fois.

Julie: Alright, thank you. I'll definitely come back here next time.

Coiffeuse : À bientôt, alors ! Bonne journée !

Hairdresser: See you soon, then! Have a great day!

Julie : Merci, à vous aussi !

Julie: Thank you, you too!

Chez le dentiste

Dentiste : Bonjour, entrez et installez-vous. Comment allez-vous aujourd'hui ?

Dentist: Hello, come in and have a seat. How are you today?

Paul : Bonjour, docteur. Ça va, merci. Mais j'ai mal à une dent depuis quelques jours.

Paul: Hello, doctor. I'm fine, thank you. But I've had pain in a tooth for a few days.

Dentiste : D'accord, montrez-moi où ça fait mal exactement.

Dentist: Okay, show me exactly where it hurts.

Paul : C'est cette dent-là, en bas à droite. Elle est sensible quand je mange ou bois quelque chose de froid.

Paul: It's this tooth, on the bottom right. It's sensitive when I eat or drink something cold.

Dentiste : Je vois. Ouvrez grand la bouche, je vais examiner ça.

Dentist: I see. Open your mouth wide, I'm going to take a look.

(Le dentiste examine la dent)

(The dentist examines the tooth)

Dentiste : Hmm, il semble que vous ayez une petite carie sur cette dent. Rien de grave, mais il vaut mieux la traiter rapidement.

Dentist: Hmm, it seems like you have a small cavity on that tooth. Nothing serious, but it's better to treat it quickly.

Paul : D'accord, c'est pour ça que j'ai mal ?

Paul: Okay, is that why it hurts?

Dentiste : Oui, la carie peut provoquer de la sensibilité. Je vais nettoyer la dent et mettre un plombage. Vous serez soulagé après ça.

Dentist: Yes, the cavity can cause sensitivity. I'll clean the tooth and put in a filling. You'll feel relief after that.

Paul : D'accord, faisons-le alors.

Paul: Okay, let's do it then.

(Le dentiste commence à soigner la dent)

(The dentist starts treating the tooth)

Dentiste : Voilà, c'est terminé. Vous ne sentirez plus de douleur après que l'effet de l'anesthésie se sera dissipé.

Dentist: There you go, it's done. You won't feel any more pain once the anesthesia wears off.

Paul : Merci beaucoup. Il y a des précautions à prendre après le plombage ?

Paul: Thank you very much. Are there any precautions I should take after the filling?

Dentiste : Vous pouvez manger normalement après quelques heures, quand l'anesthésie aura disparu. Évitez juste les aliments trop durs aujourd'hui.

Dentist: You can eat normally after a few hours, once the anesthesia wears off. Just avoid very hard foods today.

Paul : Très bien, merci pour vos conseils.

Paul: Very well, thank you for your advice.

Dentiste : De rien ! Pensez à revenir pour un contrôle dans six mois.

Dentist: You're welcome! Remember to come back for a check-up in six months.

Paul : Oui, je vais prendre un rendez-vous à la réception. Merci, docteur.

Paul: Yes, I'll make an appointment at the reception. Thank you, doctor.

Dentiste : Je vous en prie. Bonne journée et à bientôt !

Dentist: You're welcome. Have a good day and see you soon!

Acheter un nouveau téléphone

Vendeur : Bonjour, comment puis-je vous aider ?

Salesperson: Hello, how can I help you?

Sophie : Bonjour, je voudrais acheter un nouveau téléphone. Le mien commence à être très lent.

Sophie: Hello, I'd like to buy a new phone. Mine is starting to get very slow.

Vendeur : D'accord, vous cherchez un modèle particulier ?

Salesperson: Okay, are you looking for a specific model?

Sophie : Pas vraiment, mais j'aimerais un téléphone avec un bon appareil photo et une bonne batterie.

Sophie: Not really, but I'd like a phone with a good camera and a long-lasting battery.

Vendeur : Très bien. Je vous recommande ce modèle ici. Il a un excellent appareil photo avec 48 mégapixels, et la batterie dure jusqu'à deux jours.

Salesperson: Very well. I recommend this model here. It has an excellent 48-megapixel camera, and the battery lasts up to two days.

Sophie : Ça a l'air bien. Il est compatible avec la 5G ?

Sophie: That sounds good. Is it 5G compatible?

Vendeur : Oui, il est compatible 5G. Vous pourrez profiter d'une connexion plus rapide.

Salesperson: Yes, it's 5G compatible. You'll be able to enjoy faster connectivity.

Sophie : Super. Et il a combien de stockage ?

Sophie: Great. How much storage does it have?

Vendeur : Ce modèle a 128 Go de stockage, mais il y a aussi une version avec 256 Go si vous avez besoin de plus d'espace.

Salesperson: This model has 128 GB of storage, but there's also a version with 256 GB if you need more space.

Sophie : 128 Go, c'est suffisant pour moi. Quel est le prix de ce téléphone ?

Sophie: 128 GB is enough for me. What's the price of this phone?

Vendeur : Le modèle 128 Go est à 600 euros, et le 256 Go est à 750 euros.

Salesperson: The 128 GB model is 600 euros, and the 256 GB one is 750 euros.

Sophie : D'accord, je vais prendre le modèle 128 Go.

Sophie: Alright, I'll take the 128 GB model.

Vendeur : Très bon choix ! Vous souhaitez un étui ou une protection d'écran avec ça ?

Salesperson: Great choice! Would you like a case or screen protector with that?

Sophie : Oui, je vais prendre un étui transparent, s'il vous plaît.

Sophie: Yes, I'll take a transparent case, please.

Vendeur : Parfait. Voici votre téléphone et l'étui. Vous voulez régler par carte ou en espèces ?

Salesperson: Perfect. Here's your phone and case. Would you like to pay by card or cash?

Sophie : Par carte, s'il vous plaît.

Sophie: By card, please.

(Sophie paie)

(Sophie pays)

Vendeur : Voilà, c'est fait. Votre téléphone est prêt à être utilisé. Si vous avez besoin d'aide pour le configurer, n'hésitez pas à revenir.

Salesperson: There you go, it's done. Your phone is ready to use. If you need help setting it up, feel free to come back.

Sophie : Merci beaucoup pour votre aide. Je suis impatiente de l'essayer !

Sophie: Thank you so much for your help. I'm excited to try it out!

Vendeur : De rien, bonne journée et amusez-vous bien avec votre nouveau téléphone !

Salesperson: You're welcome, have a great day and enjoy your new phone!

Sophie : Merci, bonne journée à vous aussi !

Sophie: Thank you, have a great day too!

Rendre un article en magasin

Client : Bonjour, excusez-moi, je voudrais rendre cet article.

Customer: Hello, excuse me, I would like to return this item.

Vendeur : Bonjour, bien sûr. Quel est le problème avec cet article ?

Salesperson: Hello, of course. What is the problem with this item?

Client : Il ne fonctionne pas bien. Je l'ai acheté il y a une semaine, mais il ne s'allume plus.

Customer: It's not working well. I bought it a week ago, but it no longer turns on.

Vendeur : Je vois. Vous avez encore le ticket de caisse ?

Salesperson: I see. Do you still have the receipt?

Client : Oui, le voici.

Customer: Yes, here it is.

Vendeur : Merci. Voulez-vous un échange ou un remboursement ?

Salesperson: Thank you. Would you prefer an exchange or a refund?

Client : Je préférerais un remboursement, s'il vous plaît.

Customer: I'd prefer a refund, please.

Vendeur : Très bien, pas de problème. Je vais d'abord vérifier l'article.

Salesperson: Very well, no problem. I'll check the item first.

(Le vendeur examine l'article)

(The salesperson examines the item)

Vendeur : D'accord, je vois le problème. Nous allons procéder au remboursement. Vous avez payé par carte ou en espèces ?

Salesperson: Alright, I see the issue. We will proceed with the refund. Did you pay by card or cash?

Client : Par carte.

Customer: By card.

Vendeur : Parfait, je vais faire le remboursement sur votre carte.

Salesperson: Perfect, I'll process the refund to your card.

(Le vendeur effectue le remboursement)

(The salesperson processes the refund)

Vendeur : Voilà, c'est fait. Vous recevrez le remboursement sous deux ou trois jours.

Salesperson: There you go, it's done. You'll receive the refund within two or three days.

Client : Merci beaucoup pour votre aide.

Customer: Thank you so much for your help.

Vendeur : Avec plaisir. Si vous avez besoin de quoi que ce soit d'autre, n'hésitez pas à nous demander.

Salesperson: You're welcome. If you need anything else, don't hesitate to ask us.

Client : D'accord, merci. Bonne journée !

Customer: Alright, thank you. Have a good day!

Vendeur : Bonne journée à vous aussi !

Salesperson: Have a good day too!

Obtenir de l'aide avec la technologie

Client : Bonjour, excusez-moi, j'ai besoin d'aide avec mon ordinateur.

Customer: Hello, excuse me, I need help with my computer.

Technicien : Bonjour, bien sûr. Quel est le problème ?

Technician: Hello, of course. What's the problem?

Client : Mon ordinateur ne s'allume plus. Quand j'appuie sur le bouton, rien ne se passe.

Customer: My computer won't turn on. When I press the button, nothing happens.

Technicien : D'accord, laissez-moi voir. Vous l'avez bien branché ?

Technician: Okay, let me take a look. Is it properly plugged in?

Client : Oui, il est bien branché, mais il ne réagit pas.

Customer: Yes, it's plugged in, but it doesn't respond.

Technicien : Très bien. Parfois, c'est un problème avec la batterie. Je vais vérifier ça.

Technician: Alright. Sometimes it's a battery issue. I'll check that.

(Le technicien vérifie l'ordinateur)

(The technician checks the computer)

Technicien : Il semble que la batterie soit déchargée ou endommagée. Avez-vous essayé de le démarrer sans la batterie, juste avec le câble d'alimentation ?

Technician: It seems like the battery is drained or damaged. Have you tried starting it without the battery, just using the power cable?

Client : Non, je n'ai pas essayé.

Customer: No, I haven't tried that.

Technicien : Je vais le faire pour vous.

Technician: I'll do it for you.

(Le technicien retire la batterie et branche l'ordinateur)

(The technician removes the battery and plugs in the computer)

Technicien : Voilà, l'ordinateur s'allume. Le problème vient sûrement de la batterie. Vous pouvez utiliser l'ordinateur branché, mais il faudra peut-être remplacer la batterie.

Technician: There you go, the computer turns on. The issue is likely the battery. You can use the computer while plugged in, but you might need to replace the battery.

Client : D'accord, merci. Est-ce que vous vendez des batteries ici ?

Customer: Okay, thanks. Do you sell batteries here?

Technicien : Oui, nous avons des batteries compatibles. Je peux vous en montrer une si vous voulez.

Technician: Yes, we have compatible batteries. I can show you one if you'd like.

Client : Oui, ça serait bien.

Customer: Yes, that would be good.

(Le technicien montre la batterie)

(The technician shows the battery)

Technicien : Voici une batterie compatible avec votre modèle d'ordinateur. Elle coûte 50 euros.

Technician: Here's a battery that's compatible with your computer model. It costs 50 euros.

Client : Parfait, je vais la prendre.

Customer: Perfect, I'll take it.

Technicien : Très bien, je vais la mettre dans votre ordinateur.

Technician: Alright, I'll install it in your computer.

(Le technicien installe la batterie)

(The technician installs the battery)

Technicien : Voilà, c'est fait. Votre ordinateur fonctionne à nouveau avec la nouvelle batterie.

Technician: There you go, it's done. Your computer works again with the new battery.

Client : Merci beaucoup pour votre aide, c'est vraiment utile !

Customer: Thank you so much for your help, it's really helpful!

Technicien : De rien. Si vous avez d'autres problèmes, n'hésitez pas à revenir.

Technician: You're welcome. If you have any other problems, don't hesitate to come back.

Client : Merci, je n'hésiterai pas. Bonne journée !

Customer: Thank you, I won't hesitate. Have a good day!

Technicien : Bonne journée à vous aussi !

Technician: Have a good day too!

Louer une voiture

Agent : Bonjour, bienvenue chez Location Auto. Comment puis-je vous aider ?

Agent: Hello, welcome to Auto Rental. How can I help you?

Client : Bonjour, je voudrais louer une voiture pour ce week-end.

Client: Hello, I would like to rent a car for this weekend.

Agent : Bien sûr. Pour combien de jours voulez-vous la voiture ?

Agent: Of course. For how many days would you like the car?

Client : Je voudrais la louer pour trois jours, de vendredi à dimanche.

Client: I'd like to rent it for three days, from Friday to Sunday.

Agent : Très bien. Quelle catégorie de voiture préférez-vous ? Petite, moyenne ou grande ?

Agent: Very well. What category of car do you prefer? Small, medium, or large?

Client : Une voiture de taille moyenne, s'il vous plaît.

Client: A medium-sized car, please.

Agent : D'accord. Nous avons ce modèle ici, c'est une voiture confortable avec de la place pour quatre personnes et des bagages.

Agent: Alright. We have this model here; it's a comfortable car with space for four people and luggage.

Client : Parfait, ça me convient. Elle est équipée de la climatisation et du GPS ?

Client: Perfect, that works for me. Does it have air conditioning and GPS?

Agent : Oui, elle a la climatisation et un GPS intégré.

Agent: Yes, it has air conditioning and built-in GPS.

Client : Super ! Quel est le prix pour trois jours ?

Client: Great! What is the price for three days?

Agent : Le prix est de 120 euros pour les trois jours, assurance comprise.

Agent: The price is 120 euros for three days, including insurance.

Client : D'accord, je la prends. Quelles sont les conditions pour la caution ?

Client: Okay, I'll take it. What are the conditions for the deposit?

Agent : Nous demandons une caution de 300 euros. Vous pouvez la payer par carte, et elle vous sera remboursée si tout est en ordre au retour de la voiture.

Agent: We require a 300-euro deposit. You can pay it by card, and it will be refunded if everything is in order when you return the car.

Client : Très bien, je vais payer par carte.

Client: Very well, I'll pay by card.

(Le client paie la caution)

(The client pays the deposit)

Agent : Voilà, c'est fait. Pouvez-vous me montrer votre permis de conduire, s'il vous plaît ?

Agent: There you go, it's done. Could you please show me your driver's license?

Client : Oui, bien sûr. Le voici.

Client: Yes, of course. Here it is.

Agent : Merci. Tout est en ordre. Vous pouvez venir récupérer la voiture vendredi à partir de 9 heures.

Agent: Thank you. Everything is in order. You can pick up the car on Friday from 9 a.m.

Client : Parfait, merci beaucoup !

Client: Perfect, thank you very much!

Agent : De rien. N'oubliez pas de faire le plein d'essence avant de la rendre.

Agent: You're welcome. Don't forget to fill up the gas tank before returning it.

Client : Pas de problème, je m'en occuperai.

Client: No problem, I'll take care of it.

Agent : Très bien. Bonne route et à vendredi !

Agent: Very well. Safe travels, and see you on Friday!

Client : Merci, à vendredi !

Client: Thank you, see you on Friday!

Demander de l'aide pour les devoirs

Marie : Salut, Paul ! Tu as un peu de temps ? J'ai besoin d'aide pour mes devoirs.

Marie: Hi, Paul! Do you have a bit of time? I need help with my homework.

Paul : Salut, Marie ! Oui, bien sûr. C'est pour quelle matière ?

Paul: Hi, Marie! Yes, of course. What subject is it for?

Marie : C'est pour les maths. Je ne comprends pas bien cet exercice sur les fractions.

Marie: It's for math. I don't quite understand this exercise on fractions.

Paul : Pas de problème. Montre-moi l'exercice.

Paul: No problem. Show me the exercise.

Marie : Voilà, il faut simplifier cette fraction : 15/45.

Marie: Here it is, I need to simplify this fraction: 15/45.

Paul : Ah, d'accord. Pour simplifier une fraction, tu dois diviser le numérateur et le dénominateur par le même nombre. Par quoi peux-tu diviser 15 et 45 ?

Paul: Ah, okay. To simplify a fraction, you need to divide the numerator and denominator by the same number. What can you divide 15 and 45 by?

Marie : Hmm... je pense par 5 ?

Marie: Hmm... I think by 5?

Paul : Exactement ! Divise 15 par 5, ça fait combien ?

Paul: Exactly! Divide 15 by 5, how much is that?

Marie : 15 divisé par 5, ça fait 3.

Marie: 15 divided by 5 is 3.

Paul : Parfait. Et maintenant, divise 45 par 5.

Paul: Perfect. And now, divide 45 by 5.

Marie : 45 divisé par 5, ça fait 9.

Marie: 45 divided by 5 is 9.

Paul : C'est ça ! Donc, la fraction simplifiée est 3/9. Mais tu peux encore simplifier cette fraction. Par quel nombre peux-tu diviser 3 et 9 ?

Paul: That's it! So, the simplified fraction is 3/9. But you can simplify it further. What number can you divide 3 and 9 by?

Marie : Par 3 !

Marie: By 3!

Paul : Oui, divise les deux par 3.

Paul: Yes, divide both by 3.

Marie : 3 divisé par 3, ça fait 1, et 9 divisé par 3, ça fait 3. Donc la fraction finale est 1/3 !

Marie: 3 divided by 3 is 1, and 9 divided by 3 is 3. So, the final fraction is 1/3!

Paul : Exactement, bien joué !

Paul: Exactly, well done!

Marie : Merci beaucoup, Paul. C'est plus clair maintenant. Tu peux m'aider avec un autre exercice ?

Marie: Thank you so much, Paul. It's clearer now. Can you help me with another exercise?

Paul : Oui, bien sûr. C'est quoi le prochain ?

Paul: Yes, of course. What's the next one?

Marie : Cette fois, c'est un problème de géométrie. Je dois calculer la surface d'un rectangle.

Marie: This time, it's a geometry problem. I have to calculate the area of a rectangle.

Paul : C'est simple. Tu te souviens de la formule ?

Paul: It's simple. Do you remember the formula?

Marie : Euh... oui, je crois. C'est longueur fois largeur, non ?

Marie: Uh... yes, I think so. It's length times width, right?

Paul : Oui, c'est ça ! Tu as les mesures ?

Paul: Yes, that's it! Do you have the measurements?

Marie : Oui, la longueur est de 8 cm et la largeur de 5 cm.

Marie: Yes, the length is 8 cm and the width is 5 cm.

Paul : Donc, multiplie 8 par 5.

Paul: So, multiply 8 by 5.

Marie : 8 fois 5, ça fait 40.

Marie: 8 times 5 is 40.

Paul : Exactement, la surface du rectangle est donc de 40 cm².

Paul: Exactly, so the area of the rectangle is 40 cm².

Marie : Merci beaucoup, Paul ! Grâce à toi, je comprends mieux.

Marie: Thank you so much, Paul! Thanks to you, I understand better.

Paul : De rien, Marie. Si tu as encore des questions, n'hésite pas !

Paul: You're welcome, Marie. If you have more questions, don't hesitate!

Marie : Je n'hésiterai pas. À bientôt, Paul !

Marie: I won't hesitate. See you soon, Paul!

Paul : À bientôt, Marie !

Paul: See you soon, Marie!

Faire des courses alimentaires

Clara : Salut, Marc ! Tu fais des courses toi aussi ?

Clara: Hi, Marc! Are you doing some shopping too?

Marc : Salut, Clara ! Oui, je suis venu acheter des légumes et des fruits pour la semaine. Et toi ?

Marc: Hi, Clara! Yes, I came to buy vegetables and fruits for the week. And you?

Clara : Moi aussi, je fais le plein pour la semaine. Je dois acheter des pâtes, du riz, et un peu de viande.

Clara: Me too, I'm stocking up for the week. I need to buy pasta, rice, and some meat.

Marc : Les fruits et légumes sont en promo aujourd'hui. Regarde, les pommes sont à 2 euros le kilo.

Marc: The fruits and vegetables are on sale today. Look, the apples are 2 euros per kilo.

Clara : Ah, super ! Je vais en prendre quelques-unes. Tu as déjà pris des légumes ?

Clara: Oh, great! I'll get a few. Have you already picked up some vegetables?

Marc : Oui, j'ai pris des carottes, des courgettes et des tomates. Tu cuisines quoi cette semaine ?

Marc: Yes, I got some carrots, zucchini, and tomatoes. What are you cooking this week?

Clara : Je pense faire une ratatouille. Il me manque encore des aubergines et des poivrons.

Clara: I'm thinking of making ratatouille. I still need eggplants and bell peppers.

Marc : Mmm, ça a l'air délicieux. Moi, je vais faire une soupe. Je vais chercher des pommes de terre maintenant.

Marc: Mmm, that sounds delicious. I'm going to make soup. I'm going to grab some potatoes now.

Clara : Bonne idée. Je vais aussi prendre du poulet pour ce soir. Tu sais où est le rayon de la viande ?

Clara: Good idea. I'll also get some chicken for tonight. Do you know where the meat section is?

Marc : Oui, c'est juste au fond, à gauche, près du poisson.

Marc: Yes, it's at the back, on the left, near the fish.

Clara : Merci ! Tu veux m'accompagner ?

Clara: Thanks! Want to come with me?

Marc : Oui, allons-y.

Marc: Yes, let's go.

(Ils se dirigent vers le rayon de la viande)

(They head to the meat section)

Clara : Regarde, ils ont du poulet en promotion. Je vais en prendre deux filets.

Clara: Look, they have chicken on sale. I'll get two fillets.

Marc : Moi, je vais prendre du bœuf pour faire un ragoût ce week-end.

Marc: I'm going to get some beef to make a stew this weekend.

Clara : Ça a l'air bon ! Tu as déjà tout ce qu'il te faut pour la recette ?

Clara: That sounds good! Do you already have everything you need for the recipe?

Marc : Oui, il ne me manque que la viande. Maintenant, je vais passer au rayon des produits laitiers.

Marc: Yes, I only needed the meat. Now, I'm heading to the dairy section.

Clara : Ah oui, il me faut du lait et du fromage. On y va ensemble ?

Clara: Oh yes, I need milk and cheese. Shall we go together?

Marc : Oui, c'est parti.

Marc: Yes, let's go.

(Au rayon des produits laitiers)

(In the dairy section)

Clara : Je vais prendre du lait demi-écrémé et un peu de yaourt. Et toi ?

Clara: I'll get semi-skimmed milk and some yogurt. And you?

Marc : Moi, je prends du beurre et du fromage pour le petit déjeuner.

Marc: I'm getting butter and cheese for breakfast.

Clara : D'accord, je pense qu'on a presque fini. Il ne me manque plus que des pâtes et du riz.

Clara: Okay, I think we're almost done. I just need pasta and rice.

Marc : Les pâtes sont au rayon juste derrière. Je vais aussi en prendre pour la semaine.

Marc: The pasta is in the aisle just behind. I'll grab some for the week too.

(Après avoir pris les pâtes et le riz)

(After picking up the pasta and rice)

Clara : Bon, je crois que j'ai tout. On va à la caisse ?

Clara: Well, I think I have everything. Shall we go to the checkout?

Marc : Oui, c'est bon pour moi aussi.

Marc: Yes, I'm good too.

(Ils passent à la caisse)

(They go to the checkout)

Clara : Voilà, tout est payé. Ça fait du bien d'avoir fait les courses pour la semaine !

Clara: There, everything's paid for. It feels good to have the shopping done for the week!

Marc : Oui, c'est pratique. On se voit bientôt pour cuisiner ensemble ?

Marc: Yes, it's convenient. Shall we meet soon to cook together?

Clara : Avec plaisir ! À bientôt, Marc.

Clara: With pleasure! See you soon, Marc.

Marc : À bientôt, Clara !

Marc: See you soon, Clara!

Se préparer pour une soirée

Julie : Salut, Emma ! Prête pour ce soir ?

Julie: Hi, Emma! Ready for tonight?

Emma : Salut, Julie ! Pas encore, je ne sais toujours pas quoi mettre.

Emma: Hi, Julie! Not yet, I still don't know what to wear.

Julie : Ah, je comprends, c'est toujours difficile de choisir. Quelle est l'occasion ?

Julie: Oh, I understand, it's always hard to choose. What's the occasion?

Emma : C'est l'anniversaire de Marie. C'est une fête un peu chic, donc je pense à mettre une robe, mais je ne suis pas sûre.

Emma: It's Marie's birthday. It's a bit of a fancy party, so I'm thinking of wearing a dress, but I'm not sure.

Julie : Une robe, c'est une bonne idée. Tu en as une en tête ?

Julie: A dress is a good idea. Do you have one in mind?

Emma : Oui, j'ai cette robe noire que j'aime bien, mais je ne sais pas si elle est assez habillée.

Emma: Yes, I have this black dress that I like, but I don't know if it's dressy enough.

Julie : La petite robe noire, c'est toujours élégant. Tu pourrais l'accessoiriser avec un joli collier ou des boucles d'oreilles.

Julie: The little black dress is always elegant. You could accessorize it with a nice necklace or earrings.

Emma : C'est vrai ! Bonne idée. Et toi, tu vas mettre quoi ce soir ?

Emma: That's true! Good idea. And you, what are you going to wear tonight?

Julie : Je pense mettre une combinaison. C'est confortable et ça reste chic.

Julie: I think I'll wear a jumpsuit. It's comfortable and still chic.

Emma : Ah oui, les combinaisons, c'est super pratique. Tu vas te coiffer comment ?

Emma: Oh yeah, jumpsuits are really practical. How are you going to do your hair?

Julie : Je vais peut-être faire des boucles légères. Et toi ?

Julie: I might do some light curls. And you?

Emma : Moi, je pense lisser mes cheveux. Ça fait plus classe, je trouve.

Emma: I'm thinking of straightening my hair. It looks classier, I think.

Julie : Oui, ça va être joli. Tu sais à quelle heure on doit être chez Marie ?

Julie: Yes, that will look nice. Do you know what time we need to be at Marie's?

Emma : Oui, elle a dit 19h30. Ça nous laisse encore un peu de temps.

Emma: Yes, she said 7:30 p.m. That gives us a little more time.

Julie : Parfait, on peut se préparer tranquillement. Tu veux que je passe te chercher en voiture ?

Julie: Perfect, we can get ready calmly. Do you want me to pick you up by car?

Emma : Oui, ça serait bien. On peut partir vers 19h, ça te va ?

Emma: Yes, that would be great. We can leave around 7:00, is that okay with you?

Julie : Oui, ça marche. Tu as déjà acheté un cadeau pour Marie ?

Julie: Yes, that works. Have you already bought a gift for Marie?

Emma : Oui, je lui ai pris un parfum. Et toi ?

Emma: Yes, I got her a perfume. And you?

Julie : Moi, je lui ai acheté un bracelet. Je pense qu'elle va aimer.

Julie: I bought her a bracelet. I think she'll like it.

Emma : C'est une bonne idée. Bon, je vais finir de me préparer.

Emma: That's a good idea. Well, I'm going to finish getting ready.

Julie : D'accord, je fais pareil. Je passe te prendre à 19h.

Julie: Okay, I'll do the same. I'll pick you up at 7:00.

Emma : Super, à tout à l'heure !

Emma: Great, see you later!

Julie : À tout à l'heure, Emma !

Julie: See you later, Emma!

Aller à un festival

Léa : Salut, Max ! Tu es prêt pour le festival ce week-end ?

Léa: Hi, Max! Are you ready for the festival this weekend?

Max : Salut, Léa ! Oui, je suis super excité. Ça va être génial ! Tu as pris tes billets ?

Max: Hi, Léa! Yes, I'm super excited. It's going to be awesome! Did you get your tickets?

Léa : Oui, je les ai achetés il y a un mois. Et toi ?

Léa: Yes, I bought them a month ago. And you?

Max : Oui, j'ai pris le mien aussi. Tu sais à quelle heure ça commence ?

Max: Yes, I got mine too. Do you know what time it starts?

Léa : Les portes ouvrent à 14h, mais je pense qu'on devrait y aller un peu plus tôt pour ne pas faire la queue.

Léa: The gates open at 2 p.m., but I think we should go a bit earlier to avoid the line.

Max : Bonne idée. On se retrouve vers 13h alors ?

Max: Good idea. Shall we meet around 1 p.m. then?

Léa : Ça marche ! Tu sais qui joue en premier ?

Léa: Sounds good! Do you know who's playing first?

Max : Oui, c'est un groupe de rock. Ensuite, il y a un DJ vers 17h.

Max: Yes, it's a rock band. Then there's a DJ around 5 p.m.

Léa : Génial ! J'adore les concerts de rock en plein air. Il y a aussi des stands de nourriture, non ?

Léa: Awesome! I love outdoor rock concerts. There are also food stands, right?

Max : Oui, il y aura des food trucks. Ils vendent des burgers, des pizzas et même des plats végétariens.

Max: Yes, there will be food trucks. They sell burgers, pizzas, and even vegetarian dishes.

Léa : Super ! On pourra manger quelque chose après les premiers concerts. Tu comptes rester toute la journée ?

Léa: Great! We can grab something to eat after the first concerts. Are you staying the whole day?

Max : Oui, je vais rester jusqu'à la fin. Le dernier artiste joue à 23h.

Max: Yes, I'm staying until the end. The last artist plays at 11 p.m.

Léa : Moi aussi, je veux tout voir. Tu sais s'il va faire beau ?

Léa: Me too, I want to see everything. Do you know if the weather will be nice?

Max : Oui, j'ai regardé la météo. Ils annoncent du soleil, mais il vaut mieux prendre une veste pour le soir, au cas où.

Max: Yes, I checked the weather. They're forecasting sun, but it's better to bring a jacket for the evening, just in case.

Léa : Oui, tu as raison. Et des lunettes de soleil aussi !

Léa: Yes, you're right. And sunglasses too!

Max : Absolument. Et surtout, n'oublie pas la crème solaire. Il risque de faire très chaud l'après-midi.

Max: Absolutely. And don't forget sunscreen. It could get really hot in the afternoon.

Léa : Bonne idée, je vais en prendre. Tu y vas en voiture ou en transports ?

Léa: Good idea, I'll bring some. Are you going by car or public transport?

Max : Je pense prendre les transports, ce sera plus pratique pour éviter le parking.

Max: I'm thinking of taking public transport, it'll be easier to avoid parking.

Léa : Moi aussi. On se retrouve à la station de métro à 13h alors ?

Léa: Me too. Shall we meet at the metro station at 1 p.m. then?

Max : Parfait, à 13h à la station. J'ai hâte d'y être !

Max: Perfect, 1 p.m. at the station. I can't wait to be there!

Léa : Moi aussi, ça va être une super journée !

Léa: Me too, it's going to be an amazing day!

Assister à une conférence

Paul : Salut, Claire ! Tu vas à la conférence cet après-midi ?

Paul: Hi, Claire! Are you going to the conference this afternoon?

Claire : Salut, Paul ! Oui, j'y vais. C'est sur l'innovation technologique, non ?

Claire: Hi, Paul! Yes, I'm going. It's about technological innovation, right?

Paul : Oui, ça commence à 14h. Tu as déjà ton badge d'entrée ?

Paul: Yes, it starts at 2 p.m. Do you already have your entry badge?

Claire : Oui, je l'ai récupéré ce matin à l'accueil. Et toi, tu l'as pris ?

Claire: Yes, I picked it up this morning at the front desk. And you, did you get yours?

Paul : Oui, je suis passé le chercher hier. Il faut qu'on arrive un peu en avance, je pense, pour avoir de bonnes places.

Paul: Yes, I went to get it yesterday. We should arrive a little early, I think, to get good seats.

Claire : Bonne idée. Il y a beaucoup de monde attendu. Tu sais combien de temps ça va durer ?

Claire: Good idea. A lot of people are expected. Do you know how long it will last?

Paul : Je crois que ça dure environ deux heures. Il y a plusieurs intervenants.

Paul: I think it lasts about two hours. There are several speakers.

Claire : Ah, super. Tu sais qui va parler en premier ?

Claire: Oh, great. Do you know who's speaking first?

Paul : Oui, c'est le PDG d'une entreprise de technologie. Il va parler des nouvelles tendances dans l'intelligence artificielle.

Paul: Yes, it's the CEO of a tech company. He's going to talk about new trends in artificial intelligence.

Claire : Ça va être intéressant. J'ai hâte d'écouter ça ! Tu as vu le programme complet ?

Claire: That's going to be interesting. I can't wait to hear that! Have you seen the full schedule?

Paul : Oui, après il y a une présentation sur les énergies renouvelables. Ça a l'air passionnant aussi.

Paul: Yes, after that, there's a presentation on renewable energies. That looks fascinating too.

Claire : Oui, ça m'intéresse beaucoup. Et il y a une pause café, non ?

Claire: Yes, I'm very interested in that. And there's a coffee break, right?

Paul : Oui, à 15h30, il y a une pause. On pourra en profiter pour discuter avec d'autres participants.

Paul: Yes, at 3:30 p.m., there's a break. We can use that time to chat with other participants.

Claire : Bonne idée. Ce genre de conférence, c'est aussi bien pour faire du networking.

Claire: Good idea. These kinds of conferences are also great for networking.

Paul : Oui, exactement. On pourrait aussi poser des questions aux intervenants après les présentations.

Paul: Yes, exactly. We could also ask the speakers questions after the presentations.

Claire : C'est vrai, il y a une séance de questions à la fin. Tu as déjà préparé des questions ?

Claire: That's true, there's a Q&A session at the end. Have you prepared any questions yet?

Paul : Pas encore, mais je vais sûrement en trouver pendant les interventions.

Paul: Not yet, but I'll probably come up with some during the talks.

Claire : Moi aussi. Bon, on se retrouve à l'entrée à 13h30 alors ?

Claire: Me too. Well, shall we meet at the entrance at 1:30 p.m. then?

Paul : Oui, ça marche. Je viendrai un peu avant pour m'assurer d'arriver à l'heure.

Paul: Yes, that works. I'll come a little early to make sure I'm on time.

Claire : D'accord, à tout à l'heure, Paul !

Claire: Okay, see you later, Paul!

Paul : À tout à l'heure, Claire !

Paul: See you later, Claire!

Au marché de Noël

Julie : Salut, Thomas ! Tu es déjà venu au marché de Noël cette année ?

Julie: Hi, Thomas! Have you been to the Christmas market yet this year?

Thomas : Salut, Julie ! Non, c'est la première fois cette année. Il est super beau, avec toutes ces lumières !

Thomas: Hi, Julie! No, this is my first time this year. It's so beautiful with all these lights!

Julie : Oui, j'adore l'ambiance ici. Il y a plein de petits chalets qui vendent des décorations et des cadeaux.

Julie: Yes, I love the atmosphere here. There are so many little stalls selling decorations and gifts.

Thomas : Regarde, ils vendent des boules de Noël faites à la main. Elles sont magnifiques !

Thomas: Look, they're selling handmade Christmas ornaments. They're beautiful!

Julie : Oui, elles sont jolies. Je pense que je vais en acheter quelques-unes pour mon sapin.

Julie: Yes, they're lovely. I think I'll buy a few for my tree.

Thomas : Bonne idée ! Moi, je vais chercher des cadeaux pour ma famille.

Thomas: Good idea! I'm going to look for gifts for my family.

Julie : Il y a aussi plein de stands de nourriture. J'ai vu un stand de crêpes tout à l'heure.

Julie: There are also lots of food stands. I saw a crêpe stand earlier.

Thomas : Mmm, des crêpes ! On pourrait en manger une après avoir fait nos achats.

Thomas: Mmm, crêpes! We could have one after we finish shopping.

Julie : Oui, et il y a aussi du vin chaud. C'est parfait pour se réchauffer avec ce froid !

Julie: Yes, and there's also mulled wine. It's perfect for warming up in this cold!

Thomas : Oh oui, j'adore le vin chaud. On pourra en prendre tout à l'heure.

Thomas: Oh yes, I love mulled wine. We can have some later.

Julie : Tu cherches quelque chose de particulier pour les cadeaux ?

Julie: Are you looking for something specific for the gifts?

Thomas : Oui, je voudrais trouver quelque chose d'original. Peut-être une bougie parfumée ou des produits artisanaux.

Thomas: Yes, I'd like to find something unique. Maybe a scented candle or some handmade products.

Julie : Regarde, ce stand vend des bougies parfumées. Elles sont faites à la main, et il y a plein de parfums différents.

Julie: Look, this stall sells scented candles. They're handmade, and there are lots of different scents.

Thomas : Parfait ! Je vais en prendre une à la cannelle. C'est un parfum parfait pour Noël.

Thomas: Perfect! I'll take a cinnamon one. It's a perfect scent for Christmas.

Julie : Bonne idée ! Moi, je vais chercher des biscuits de Noël à offrir.

Julie: Good idea! I'm going to look for Christmas cookies to give as gifts.

Thomas : Ah oui, j'ai vu un stand avec des biscuits traditionnels tout près. On y va après ?

Thomas: Oh yes, I saw a stall with traditional cookies nearby. Shall we go after this?

Julie : Oui, et ensuite on pourra goûter ces crêpes et le vin chaud.

Julie: Yes, and then we can try those crêpes and the mulled wine.

Thomas : Ça me va ! J'adore passer du temps au marché de Noël, c'est tellement festif.

Thomas: That works for me! I love spending time at the Christmas market, it's so festive.

Julie : Moi aussi, c'est l'une de mes traditions préférées chaque année.

Julie: Me too, it's one of my favorite traditions every year.

Thomas : D'accord, allons voir ce stand de biscuits, et après, crêpes et vin chaud !

Thomas: Okay, let's check out that cookie stall, and after, crêpes and mulled wine!

Julie : Parfait, c'est parti !

Julie: Perfect, let's go!

Au marché aux puces

Sophie : Salut, Marc ! Tu as trouvé quelque chose d'intéressant au marché aux puces ?

Sophie: Hi, Marc! Did you find anything interesting at the flea market?

Marc : Salut, Sophie ! Oui, j'ai trouvé quelques vieux livres. Et toi, tu cherches quelque chose de particulier ?

Marc: Hi, Sophie! Yes, I found a few old books. And you, are you looking for something specific?

Sophie : Oui, je cherche des objets de décoration pour mon appartement. J'adore les vieux meubles et les accessoires vintage.

Sophie: Yes, I'm looking for decorative items for my apartment. I love old furniture and vintage accessories.

Marc : Regarde ce stand ! Ils vendent des lampes anciennes, c'est exactement ton style.

Marc: Look at this stall! They're selling old lamps, it's exactly your style.

Sophie : Ah oui, elles sont superbes ! Je vais demander le prix.

Sophie: Oh yes, they're gorgeous! I'll ask for the price.

Sophie : Bonjour, combien coûte cette lampe ?

Sophie: Hello, how much is this lamp?

Vendeur : Bonjour, elle est à 30 euros, mais je peux la laisser à 25 si ça vous intéresse.

Vendor: Hello, it's 30 euros, but I can let it go for 25 if you're interested.

Sophie : 25 euros ? D'accord, je la prends !

Sophie: 25 euros? Okay, I'll take it!

Vendeur : Parfait, je vous fais un petit sac pour la transporter.

Vendor: Perfect, I'll get you a little bag to carry it.

Sophie : Merci beaucoup !

Sophie: Thank you very much!

Marc : Bonne affaire ! Elle ira bien dans ton salon.

Marc: Great deal! It will look nice in your living room.

Sophie : Oui, je pense aussi. Tu veux continuer à chercher des livres ?

Sophie: Yes, I think so too. Do you want to keep looking for books?

Marc : Oui, il y a un autre stand de livres un peu plus loin. Ils ont des éditions anciennes que j'aimerais voir.

Marc: Yes, there's another book stall a little further. They have some old editions I'd like to check out.

Sophie : Allons-y. Après, je voudrais chercher des vieux vinyles. J'ai vu un stand qui en vendait tout à l'heure.

Sophie: Let's go. Afterward, I'd like to look for old vinyl records. I saw a stall selling some earlier.

Marc : Ah, les vinyles, c'est une bonne idée ! J'aime bien en acheter aussi de temps en temps.

Marc: Oh, vinyls are a great idea! I like buying some from time to time too.

(Ils arrivent au stand de livres)

Marc : Regarde, ils ont une édition originale de "Les Misérables" ! C'est rare de trouver ça ici.

Marc: Look, they have an original edition of *Les Misérables*! It's rare to find that here.

Sophie : Waouh, c'est une belle trouvaille. Tu vas l'acheter ?

Sophie: Wow, that's a great find. Are you going to buy it?

Marc : Je pense que oui, c'est une opportunité unique. Je vais demander le prix.

Marc: I think so, it's a unique opportunity. I'll ask for the price.

Marc : Bonjour, combien coûte ce livre ?

Marc: Hello, how much is this book?

Vendeur : Il est à 50 euros, mais je peux vous faire un prix à 45 euros.

Vendor: It's 50 euros, but I can give it to you for 45.

Marc : D'accord, je le prends. Merci !

Marc: Okay, I'll take it. Thank you!

Sophie : Tu es chanceux, c'est une belle pièce de collection.

Sophie: You're lucky, that's a great collector's item.

Marc : Oui, je suis content de l'avoir trouvé. Maintenant, allons voir ces vinyles.

Marc: Yes, I'm happy to have found it. Now, let's go check out those vinyls.

Sophie : D'accord, j'ai hâte de voir s'il y a des albums intéressants.

Sophie: Okay, I'm excited to see if there are any interesting albums.

(Ils arrivent au stand de vinyles)

Sophie : Regarde, ils ont un album des Beatles ! Je vais l'acheter.

Sophie: Look, they have a Beatles album! I'm going to buy it.

Marc : C'est une super trouvaille ! Ce marché aux puces est vraiment bien.

Marc: That's a great find! This flea market is really good.

Sophie : Oui, on a fait de bonnes affaires aujourd'hui. On devrait revenir plus souvent.

Sophie: Yes, we got some great deals today. We should come more often.

Marc : Je suis d'accord. C'est toujours amusant de chercher des trésors cachés ici.

Marc: I agree. It's always fun to hunt for hidden treasures here.

Décorer pour les fêtes

Emma : Salut, Léa ! Tu es prête à décorer la maison pour les fêtes ?

Emma: Hi, Léa! Are you ready to decorate the house for the holidays?

Léa : Salut, Emma ! Oui, je suis super excitée. J'adore mettre les décorations de Noël. Par quoi on commence ?

Léa: Hi, Emma! Yes, I'm super excited. I love putting up the Christmas decorations. Where should we start?

Emma : On pourrait commencer par le sapin. J'ai déjà sorti les guirlandes et les boules de Noël.

Emma: We could start with the tree. I've already taken out the garlands and Christmas ornaments.

Léa : Parfait ! Je vais installer les guirlandes lumineuses, et toi, tu peux accrocher les boules.

Léa: Perfect! I'll put up the string lights, and you can hang the ornaments.

Emma : D'accord, je m'en occupe. On met aussi l'étoile en haut du sapin cette année ?

Emma: Okay, I'll handle that. Are we putting the star on top of the tree this year too?

Léa : Oui, bien sûr ! C'est la touche finale, on la mettra quand tout sera prêt.

Léa: Yes, of course! It's the finishing touch, we'll put it on when everything is ready.

(Après avoir décoré le sapin)

Emma : Le sapin est magnifique ! J'adore les lumières qui clignotent.

Emma: The tree is beautiful! I love the twinkling lights.

Léa : Oui, il est vraiment beau. Maintenant, on peut décorer la table pour le dîner de Noël.

Léa: Yes, it's really lovely. Now, we can decorate the table for Christmas dinner.

Emma : Bonne idée ! J'ai acheté des bougies et une belle nappe rouge avec des motifs de flocons de neige.

Emma: Good idea! I bought candles and a beautiful red tablecloth with snowflake patterns.

Léa : Oh, ça va être parfait ! Je vais disposer les bougies au centre de la table, et on peut ajouter des petits ornements autour.

Léa: Oh, it's going to be perfect! I'll arrange the candles in the center of the table, and we can add some little ornaments around them.

Emma : Oui, et on pourrait aussi mettre des petites branches de sapin sur la table pour une ambiance encore plus festive.

Emma: Yes, and we could also put little pine branches on the table for an even more festive atmosphere.

Léa : Bonne idée ! J'adore l'odeur du sapin. Tu as d'autres décorations pour la maison ?

Léa: Great idea! I love the smell of pine. Do you have any other decorations for the house?

Emma : Oui, j'ai des guirlandes pour les fenêtres et des chaussettes de Noël à accrocher près de la cheminée.

Emma: Yes, I've got garlands for the windows and Christmas stockings to hang by the fireplace.

Léa : Parfait ! On peut aussi ajouter des petites lumières autour de la porte d'entrée.

Léa: Perfect! We can also add some little lights around the front door.

Emma : Oui, ça va donner un bel accueil.

Emma: Yes, it will make a nice welcome.

(Après avoir fini de décorer)

Léa : Ça y est, la maison est prête pour les fêtes ! Tout est tellement joli.

Léa: That's it, the house is ready for the holidays! Everything looks so pretty.

Emma : Oui, ça fait vraiment esprit de Noël. J'adore cette ambiance chaleureuse.

Emma: Yes, it really feels like Christmas. I love this cozy atmosphere.

Léa : Moi aussi. Maintenant, il ne reste plus qu'à attendre le jour de Noël !

Léa: Me too. Now, we just have to wait for Christmas Day!

Emma : Oui, j'ai hâte. Cette année, ça va être encore plus spécial avec toutes ces belles décorations.

Emma: Yes, I can't wait. This year is going to be even more special with all these beautiful decorations.

Léa : C'est sûr ! Merci de m'avoir aidée, Emma.

Léa: That's for sure! Thank you for helping me, Emma.

Emma : Avec plaisir, c'était amusant de tout préparer ensemble.

Emma: My pleasure, it was fun getting everything ready together.

Parler de politique de manière détendue

Lucas : Salut, Clara ! Tu suis un peu ce qui se passe en politique en ce moment ?

Lucas: Hi, Clara! Are you following what's going on in politics at the moment?

Clara : Salut, Lucas ! Oui, je regarde les infos de temps en temps, mais pas trop. Ça devient vite compliqué !

Clara: Hi, Lucas! Yes, I watch the news from time to time, but not too much. It gets complicated quickly!

Lucas : Je suis d'accord. Il y a tellement de débats en ce moment, surtout avec les élections qui approchent.

Lucas: I agree. There are so many debates right now, especially with the upcoming elections.

Clara : Oui, c'est vrai. Est-ce que tu sais déjà pour qui tu vas voter ?

Clara: Yes, that's true. Do you already know who you're going to vote for?

Lucas : Honnêtement, je ne suis pas encore sûr. Il y a plusieurs candidats intéressants, mais aucun qui me convainc totalement.

Lucas: Honestly, I'm not sure yet. There are several interesting candidates, but none that totally convince me.

Clara : Moi non plus, je suis un peu indécise. J'essaie de lire les programmes de chaque parti pour mieux comprendre leurs idées.

Clara: Me neither, I'm a bit undecided. I'm trying to read the programs of each party to better understand their ideas.

Lucas : C'est une bonne idée. J'essaie de faire pareil, mais parfois, je trouve que les discours sont trop compliqués.

Lucas: That's a good idea. I try to do the same, but sometimes I find the speeches too complicated.

Clara : Oui, souvent ils utilisent des mots difficiles. Mais en gros, je pense que les sujets importants cette année sont l'écologie, l'éducation, et l'économie.

Clara: Yes, they often use difficult words. But overall, I think the important topics this year are ecology, education, and the economy.

Lucas : Oui, je suis d'accord. L'écologie devient de plus en plus un sujet central. On doit vraiment agir pour protéger l'environnement.

Lucas: Yes, I agree. Ecology is becoming more and more of a central issue. We really need to act to protect the environment.

Clara : Exactement. Je pense que c'est une des raisons pour lesquelles je vais probablement voter pour un parti qui propose des mesures écologiques fortes.

Clara: Exactly. I think that's one of the reasons why I'll probably vote for a party that proposes strong ecological measures.

Lucas : Oui, moi aussi, ça me paraît important. Et pour l'économie, tu as une opinion ?

Lucas: Yes, me too, it seems important to me. And what about the economy, do you have an opinion?

Clara : Je pense que la relance de l'économie après la pandémie est un gros défi. Il faut trouver un équilibre entre soutenir les entreprises et aider les gens qui ont perdu leur emploi.

Clara: I think the recovery of the economy after the pandemic is a big challenge. We need to find a balance between supporting businesses and helping people who lost their jobs.

Lucas : C'est vrai. Et puis, il y a aussi l'éducation. Les écoles et les universités ont besoin de plus de soutien, surtout après ces deux dernières années difficiles.

Lucas: That's true. And then there's education. Schools and universities need more support, especially after these difficult last two years.

Clara : Oui, l'éducation est super importante. C'est un domaine où il faut vraiment investir.

Clara: Yes, education is super important. It's an area where we really need to invest.

Lucas : Exactement. Bon, c'est sûr qu'on ne va pas changer le monde avec notre discussion, mais c'est toujours bien d'en parler !

Lucas: Exactly. Well, we're not going to change the world with our discussion, but it's always good to talk about it!

Clara : Oui, c'est intéressant d'échanger nos points de vue. On verra bien ce que les élections vont donner !

Clara: Yes, it's interesting to exchange our points of view. We'll see what the elections will bring!

Lucas : Oui, on verra. En tout cas, je vais continuer à suivre ça de près pour faire un choix éclairé.

Lucas: Yes, we'll see. In any case, I'll keep following it closely to make an informed choice.

Clara : Moi aussi. Bon, on se tient au courant de nos réflexions alors ?

Clara: Me too. Well, shall we keep each other updated on our thoughts?

Lucas : Oui, avec plaisir ! À bientôt, Clara.

Lucas: Yes, gladly! See you soon, Clara.

Clara : À bientôt, Lucas !

Clara: See you soon, Lucas!

Parler de santé et de fitness

Sarah : Salut, Marc ! Comment ça va ? Tu fais du sport en ce moment ?

Sarah: Hi, Marc! How are you? Are you doing any sports right now?

Marc : Salut, Sarah ! Oui, ça va bien. Je vais à la salle de sport trois fois par semaine. Et toi, tu fais du sport ?

Marc: Hi, Sarah! Yes, I'm doing well. I go to the gym three times a week. And you, do you exercise?

Sarah : Oui, je fais du yoga deux fois par semaine et je vais courir le week-end. Ça m'aide à rester en forme.

Sarah: Yes, I do yoga twice a week, and I go running on the weekends. It helps me stay in shape.

Marc : Le yoga, ça doit être bien pour se relaxer, non ?

Marc: Yoga must be good for relaxing, right?

Sarah : Oui, c'est super pour se détendre et améliorer la souplesse. Et toi, qu'est-ce que tu fais à la salle de sport ?

Sarah: Yes, it's great for relaxing and improving flexibility. And you, what do you do at the gym?

Marc : Je fais surtout de la musculation et un peu de cardio. J'essaie d'équilibrer les deux pour améliorer ma condition physique.

Marc: I mostly do weightlifting and some cardio. I try to balance both to improve my physical fitness.

Sarah : C'est bien de combiner les deux. Tu fais attention à ton alimentation aussi ?

Sarah: It's good to combine the two. Do you watch your diet as well?

Marc : Oui, j'essaie de manger équilibré, avec beaucoup de légumes, de fruits et de protéines. Et toi ?

Marc: Yes, I try to eat a balanced diet, with plenty of vegetables, fruits, and proteins. And you?

Sarah : Oui, moi aussi. Je mange surtout des plats faits maison, et j'évite les aliments trop sucrés.

Sarah: Yes, me too. I mostly eat homemade meals, and I avoid overly sugary foods.

Marc : C'est important. En plus, bien manger aide à avoir plus d'énergie pour faire du sport.

Marc: It's important. Plus, eating well helps you have more energy for exercising.

Sarah : Exactement. Tu te fixes des objectifs pour ta forme physique ?

Sarah: Exactly. Do you set goals for your physical fitness?

Marc : Oui, en ce moment, mon objectif est de courir 10 kilomètres d'ici la fin du mois. Et toi ?

Marc: Yes, right now, my goal is to run 10 kilometers by the end of the month. And you?

Sarah : Moi, je voudrais être capable de faire une séance de yoga avancée d'ici quelques mois. Ça demande beaucoup de concentration.

Sarah: I'd like to be able to do an advanced yoga session in a few months. It requires a lot of focus.

Marc : Ça a l'air difficile ! Mais avec de la pratique, je suis sûr que tu y arriveras.

Marc: That sounds tough! But with practice, I'm sure you'll get there.

Sarah : Merci ! Et toi, courir 10 kilomètres, c'est un bon défi. Tu t'entraînes régulièrement pour ça ?

Sarah: Thanks! And for you, running 10 kilometers is a good challenge. Are you training regularly for that?

Marc : Oui, j'essaie de courir deux fois par semaine pour augmenter peu à peu la distance.

Marc: Yes, I try to run twice a week to gradually increase the distance.

Sarah : C'est une bonne méthode. Je pense que l'important, c'est de rester motivé et de faire du sport régulièrement.

Sarah: That's a good method. I think the important thing is to stay motivated and exercise regularly.

Marc : Tout à fait. Ça aide aussi à mieux gérer le stress et à se sentir bien au quotidien.

Marc: Exactly. It also helps manage stress better and feel good on a daily basis.

Sarah : Oui, je ressens la même chose. Quand je fais du sport, je me sens toujours plus détendue et en meilleure santé.

Sarah: Yes, I feel the same. When I exercise, I always feel more relaxed and healthier.

Marc : Exactement. Bon, on continue à se motiver et à s'entraîner ?

Marc: Exactly. Well, should we keep motivating each other and training?

Sarah : Oui, bien sûr ! On pourra même faire une séance ensemble un jour.

Sarah: Yes, of course! We could even have a workout session together one day.

Marc : Avec plaisir, ce serait sympa !

Marc: I'd love that, it would be fun!

Sarah : D'accord, on s'organise ça bientôt. À bientôt, Marc !

Sarah: Alright, we'll organize that soon. See you soon, Marc!

Marc : À bientôt, Sarah !

Marc: See you soon, Sarah!

Small talk au travail

Alice : Salut, Julien ! Comment ça va ce matin ?

Alice: Hi, Julien! How are you this morning?

Julien : Salut, Alice ! Ça va bien, merci. Et toi ?

Julien: Hi, Alice! I'm doing well, thanks. And you?

Alice : Ça va aussi. Tu travailles sur quoi en ce moment ?

Alice: I'm good too. What are you working on at the moment?

Julien : Je suis en train de finir un rapport pour le projet de marketing. Et toi, tu fais quoi ?

Julien: I'm finishing up a report for the marketing project. And you, what are you doing?

Alice : Je prépare une présentation pour la réunion de demain. J'espère que tout sera prêt à temps !

Alice: I'm preparing a presentation for tomorrow's meeting. I hope everything will be ready on time!

Julien : Ah oui, les réunions... Elles sont souvent stressantes. Mais je suis sûr que ta présentation sera parfaite.

Julien: Oh yes, meetings... They're often stressful. But I'm sure your presentation will be perfect.

Alice : Merci, j'espère aussi. Tu as beaucoup de réunions cette semaine ?

Alice: Thanks, I hope so too. Do you have many meetings this week?

Julien : Oui, j'en ai deux aujourd'hui et une autre jeudi. Mais heureusement, elles ne devraient pas être trop longues.

Julien: Yes, I have two today and another one on Thursday. But fortunately, they shouldn't be too long.

Alice : Tant mieux ! Les longues réunions, ça fatigue toujours.

Alice: That's good! Long meetings are always exhausting.

Julien : Oui, c'est vrai. Heureusement, la pause café est bientôt. Tu viens ?

Julien: Yes, that's true. Luckily, the coffee break is coming up soon. Are you coming?

Alice : Oui, je vais faire une petite pause aussi. Il faut bien se détendre un peu.

Alice: Yes, I'll take a little break too. You've got to relax a bit.

Julien : Exactement. Tu fais quelque chose de spécial ce week-end ?

Julien: Exactly. Are you doing anything special this weekend?

Alice : Pas grand-chose, je vais peut-être faire une petite randonnée avec des amis. Et toi ?

Alice: Not much, I might go on a small hike with some friends. And you?

Julien : Moi, je pense aller voir un match de foot avec mon frère. Ça devrait être sympa.

Julien: I'm thinking of going to a football match with my brother. It should be fun.

Alice : Ah, super ! Ça fait du bien de déconnecter un peu après une semaine de travail.

Alice: Oh, great! It's nice to disconnect a bit after a week of work.

Julien : Oui, tu as raison. Bon, il est presque 10h. On se retrouve à la pause café dans 5 minutes ?

Julien: Yes, you're right. Well, it's almost 10 a.m. Shall we meet at the coffee break in 5 minutes?

Alice : Oui, à tout de suite alors !

Alice: Yes, see you in a bit then!

Julien : À tout de suite !

Julien: See you in a bit!

À la banque

Client : Bonjour, je voudrais ouvrir un compte bancaire, s'il vous plaît.

Client: Hello, I would like to open a bank account, please.

Conseiller : Bonjour, bien sûr. Avez-vous pris rendez-vous ?

Advisor: Hello, of course. Did you make an appointment?

Client : Non, je n'ai pas pris de rendez-vous. Est-ce que c'est possible de le faire maintenant ?

Client: No, I didn't make an appointment. Is it possible to do it now?

Conseiller : Oui, bien sûr. Prenez un siège. Quel type de compte voulez-vous ouvrir ?

Advisor: Yes, of course. Have a seat. What type of account would you like to open?

Client : Je pense ouvrir un compte courant.

Client: I'm thinking of opening a checking account.

Conseiller : D'accord. Pour cela, il me faut une pièce d'identité et un justificatif de domicile.

Advisor: Okay. For that, I'll need an ID and a proof of address.

Client : J'ai ma carte d'identité et une facture d'électricité avec moi.

Client: I have my ID card and an electricity bill with me.

Conseiller : Parfait, je vais prendre vos documents. Ça ne prendra que quelques minutes.

Advisor: Perfect, I'll take your documents. It will only take a few minutes.

(Le conseiller remplit les formulaires)

Conseiller : Voilà, c'est presque terminé. Est-ce que vous souhaitez avoir une carte bancaire avec ce compte ?

Advisor: There, it's almost done. Would you like a bank card with this account?

Client : Oui, je voudrais une carte de débit, s'il vous plaît.

Client: Yes, I would like a debit card, please.

Conseiller : Très bien. Vous recevrez votre carte par courrier dans environ une semaine.

Advisor: Very well. You will receive your card by mail in about a week.

Client : Parfait, merci. Est-ce que je peux aussi activer des services en ligne pour gérer mon compte ?

Client: Perfect, thank you. Can I also activate online services to manage my account?

Conseiller : Bien sûr. Je vais vous donner vos identifiants pour accéder à votre compte sur notre site internet et sur l'application mobile.

Advisor: Of course. I will give you your login details to access your account on our website and the mobile app.

Client : Super, merci beaucoup !

Client: Great, thank you very much!

Conseiller : Vous recevrez également un relevé de compte chaque mois, par courrier ou par e-mail, selon votre préférence.

Advisor: You will also receive a bank statement every month, either by mail or email, depending on your preference.

Client : Je préfère recevoir mes relevés par e-mail, c'est plus pratique pour moi.

Client: I prefer to receive my statements by email, it's more convenient for me.

Conseiller : Très bien. Tout est en ordre, votre compte est ouvert. Vous pouvez commencer à l'utiliser dès maintenant.

Advisor: Very well. Everything is set, your account is open. You can start using it right away.

Client : Merci beaucoup pour votre aide.

Client: Thank you very much for your help.

Conseiller : Avec plaisir ! N'hésitez pas à revenir si vous avez d'autres questions.

Advisor: You're welcome! Don't hesitate to come back if you have any other questions.

Client : Merci, bonne journée !

Client: Thank you, have a nice day!

Conseiller : Bonne journée à vous aussi !

Advisor: Have a nice day too!

Chercher un appartement

Sarah : Bonjour, je cherche un appartement à louer. Pouvez-vous m'aider ?

Sarah: Hello, I'm looking for an apartment to rent. Can you help me?

Agent immobilier : Bonjour, bien sûr. Vous cherchez dans quel quartier ?

Real Estate Agent: Hello, of course. Which neighborhood are you looking in?

Sarah : J'aimerais trouver un appartement dans le centre-ville, si possible.

Sarah: I would like to find an apartment in the city center, if possible.

Agent immobilier : Très bien. Quel est votre budget ?

Real Estate Agent: Very well. What is your budget?

Sarah : Mon budget est autour de 800 euros par mois.

Sarah: My budget is around 800 euros per month.

Agent immobilier : D'accord. Vous préférez un appartement avec combien de pièces ?

Real Estate Agent: Okay. How many rooms would you prefer in the apartment?

Sarah : Je cherche un deux-pièces, avec un salon et une chambre.

Sarah: I'm looking for a one-bedroom apartment, with a living room and a bedroom.

Agent immobilier : Parfait, j'ai quelques options à vous proposer. Vous avez des préférences pour les équipements, comme un balcon ou une cuisine équipée ?

Real Estate Agent: Perfect, I have a few options for you. Do you have any preferences for features, like a balcony or an equipped kitchen?

Sarah : Oui, un balcon serait bien. Et une cuisine équipée serait un plus.

Sarah: Yes, a balcony would be nice. And an equipped kitchen would be a plus.

Agent immobilier : Très bien. J'ai un appartement qui correspond à vos critères. Il est au troisième étage, avec un petit balcon et une cuisine équipée. Le loyer est de 790 euros par mois.

Real Estate Agent: Very well. I have an apartment that matches your criteria. It's on the third floor, with a small balcony and an equipped kitchen. The rent is 790 euros per month.

Sarah : Ça semble parfait. Est-ce que je peux le visiter ?

Sarah: That sounds perfect. Can I visit it?

Agent immobilier : Oui, bien sûr. Êtes-vous disponible demain après-midi pour une visite ?

Real Estate Agent: Yes, of course. Are you available tomorrow afternoon for a visit?

Sarah : Oui, je suis disponible à partir de 15h.

Sarah: Yes, I'm available from 3 p.m.

Agent immobilier : Parfait. On se retrouve à l'adresse que je vais vous envoyer par e-mail.

Real Estate Agent: Perfect. We'll meet at the address I'll send you by email.

Sarah : Super, merci beaucoup. J'ai hâte de voir l'appartement.

Sarah: Great, thank you very much. I'm looking forward to seeing the apartment.

Agent immobilier : Avec plaisir. À demain pour la visite !

Real Estate Agent: My pleasure. See you tomorrow for the visit!

Sarah : À demain, merci encore. Bonne journée !

Sarah: See you tomorrow, thanks again. Have a nice day!

Agent immobilier : Bonne journée à vous aussi !

Real Estate Agent: Have a nice day too!

Emménager dans un nouvel appartement

Paul : Salut, Marie ! Je viens d'emménager dans mon nouvel appartement.

Paul: Hi, Marie! I just moved into my new apartment.

Marie : Salut, Paul ! Félicitations ! Comment ça s'est passé ?

Marie: Hi, Paul! Congratulations! How did it go?

Paul : Ça s'est bien passé, mais c'était fatigant. J'ai dû tout transporter et installer les meubles.

Paul: It went well, but it was tiring. I had to move everything and set up the furniture.

Marie : Je te comprends, déménager est toujours un peu stressant. Tu aimes bien ton nouvel appartement ?

Marie: I understand, moving is always a bit stressful. Do you like your new apartment?

Paul : Oui, il est super ! Il est spacieux et j'ai enfin un balcon.

Paul: Yes, it's great! It's spacious, and I finally have a balcony.

Marie : C'est génial ! Tu as déjà tout installé ?

Marie: That's awesome! Have you set everything up already?

Paul : Pas encore. Il me reste quelques cartons à déballer, mais la plupart des choses importantes sont en place.

Paul: Not yet. I still have a few boxes to unpack, but most of the important things are in place.

Marie : Est-ce que tu as besoin d'aide pour les derniers cartons ?

Marie: Do you need help with the last boxes?

Paul : Merci, c'est gentil, mais je pense que je vais y arriver. Je dois surtout organiser la cuisine et accrocher quelques tableaux.

Paul: Thanks, that's kind of you, but I think I can manage. I mostly need to organize the kitchen and hang a few paintings.

Marie : D'accord. Et tu as rencontré tes voisins ?

Marie: Alright. Have you met your neighbors?

Paul : Oui, j'ai croisé quelques-uns dans le couloir. Ils ont l'air sympas.

Paul: Yes, I've bumped into a few in the hallway. They seem nice.

Marie : C'est important d'avoir de bons voisins. Tu te sens déjà chez toi ?

Marie: It's important to have good neighbors. Do you already feel at home?

Paul : Oui, je commence à m'habituer. C'est calme ici, et le quartier est agréable.

Paul: Yes, I'm starting to get used to it. It's quiet here, and the neighborhood is pleasant.

Marie : Super ! Tu es bien installé maintenant. On pourrait fêter ça avec un dîner chez toi ?

Marie: Great! You're settled in now. How about celebrating with a dinner at your place?

Paul : Oui, ce serait sympa ! Laisse-moi juste un peu de temps pour finir de ranger, et je t'invite.

Paul: Yes, that would be nice! Just give me a little time to finish tidying up, and I'll invite you over.

Marie : Pas de problème. Bon courage pour le reste du déménagement !

Marie: No problem. Good luck with the rest of the move!

Paul : Merci, Marie ! À bientôt pour le dîner !

Paul: Thanks, Marie! See you soon for dinner!

Marie : À bientôt, Paul !

Marie: See you soon, Paul!

Parler des résolutions de la nouvelle année

Emma : Salut, Paul ! Bonne année ! Tu as pris des résolutions pour cette nouvelle année ?

Emma: Hi, Paul! Happy New Year! Did you make any resolutions for this new year?

Paul : Salut, Emma ! Bonne année à toi aussi ! Oui, j'ai quelques résolutions. J'aimerais faire plus de sport et manger plus sainement.

Paul: Hi, Emma! Happy New Year to you too! Yes, I have a few resolutions. I'd like to exercise more and eat healthier.

Emma : Ah, c'est bien ! Moi aussi, je veux être en meilleure forme cette année. Je vais essayer d'aller à la salle de sport au moins deux fois par semaine.

Emma: Oh, that's great! I also want to be in better shape this year. I'm going to try to go to the gym at least twice a week.

Paul : C'est un bon plan ! Moi, je pense commencer par courir le matin, et peut-être faire du yoga.

Paul: That's a good plan! I think I'll start by running in the morning, and maybe doing yoga.

Emma : Le yoga, c'est une bonne idée pour se détendre. Tu as d'autres résolutions ?

Emma: Yoga is a good idea for relaxing. Do you have any other resolutions?

Paul : Oui, je voudrais aussi mieux organiser mon temps. L'année dernière, j'étais toujours un peu en retard sur tout.

Paul: Yes, I'd also like to organize my time better. Last year, I was always a bit behind on everything.

Emma : Je comprends. Moi, je veux passer moins de temps sur mon téléphone. J'ai l'impression que je perds trop de temps sur les réseaux sociaux.

Emma: I understand. I want to spend less time on my phone. I feel like I waste too much time on social media.

Paul : Oui, c'est facile de passer des heures dessus sans s'en rendre compte. Je devrais faire la même chose.

Paul: Yes, it's easy to spend hours on it without realizing. I should do the same.

Emma : On peut se motiver ensemble ! Et toi, tu as des objectifs professionnels cette année ?

Emma: We can motivate each other! And you, do you have any professional goals this year?

Paul : Oui, je voudrais améliorer mon anglais et peut-être suivre une formation pour progresser dans mon travail.

Paul: Yes, I'd like to improve my English and maybe take a course to advance in my job.

Emma : C'est super ! Moi, j'aimerais apprendre une nouvelle compétence aussi, peut-être quelque chose en informatique.

Emma: That's great! I'd like to learn a new skill too, maybe something in IT.

Paul : Très bonne idée. Avec des petits objectifs chaque jour, on peut y arriver !

Paul: Very good idea. With small daily goals, we can make it!

Emma : Exactement. Il faut juste rester motivé et ne pas abandonner après un mois.

Emma: Exactly. You just have to stay motivated and not give up after a month.

Paul : C'est ça le plus dur ! Mais je suis sûr qu'on peut y arriver cette année.

Paul: That's the hardest part! But I'm sure we can do it this year.

Emma : Oui, on va y arriver ! À la fin de l'année, on fera le bilan pour voir si on a tenu nos résolutions.

Emma: Yes, we'll make it! At the end of the year, we'll review to see if we kept our resolutions.

Paul : D'accord, on fera ça ! En attendant, bonne chance pour tes résolutions.

Paul: Alright, we'll do that! In the meantime, good luck with your resolutions.

Emma : Merci, bonne chance à toi aussi !

Emma: Thank you, good luck to you too!

Aller au cours de langue

Clara : Salut, Julien ! Tu vas au cours de français aujourd'hui ?

Clara: Hi, Julien! Are you going to French class today?

Julien : Salut, Clara ! Oui, je ne veux pas le manquer. C'est toujours intéressant.

Julien: Hi, Clara! Yes, I don't want to miss it. It's always interesting.

Clara : Oui, c'est vrai. Aujourd'hui, on va apprendre le passé composé, non ?

Clara: Yes, that's true. Today, we're going to learn the passé composé, right?

Julien : Oui, je crois. C'est un peu difficile, mais j'aime bien les exercices de grammaire.

Julien: Yes, I think so. It's a bit difficult, but I like the grammar exercises.

Clara : Moi aussi. Mais j'ai encore du mal à conjuguer certains verbes.

Clara: Me too. But I still have trouble conjugating some verbs.

Julien : Oui, surtout les verbes irréguliers ! Il faut beaucoup de pratique.

Julien: Yes, especially irregular verbs! It takes a lot of practice.

Clara : Exactement. Tu as fait les devoirs pour aujourd'hui ?

Clara: Exactly. Did you do the homework for today?

Julien : Oui, je les ai finis hier soir. Et toi ?

Julien: Yes, I finished them last night. And you?

Clara : Oui, je les ai faits ce matin. J'espère que j'ai bien répondu aux questions.

Clara: Yes, I did them this morning. I hope I answered the questions correctly.

Julien : Je suis sûr que c'est bon. Tu te débrouilles bien en français.

Julien: I'm sure it's fine. You're doing well in French.

Clara : Merci, mais j'ai encore besoin de pratiquer la conversation.

Clara: Thank you, but I still need to practice conversation.

Julien : Oui, c'est important. On pourrait s'entraîner ensemble après le cours.

Julien: Yes, it's important. We could practice together after class.

Clara : Bonne idée ! Ça m'aiderait beaucoup.

Clara: Good idea! It would help me a lot.

Julien : Super ! Tu sais combien de temps dure le cours aujourd'hui ?

Julien: Great! Do you know how long the class is today?

Clara : Je crois que c'est une heure et demie. On va aussi faire des exercices à l'oral.

Clara: I think it's an hour and a half. We're also going to do oral exercises.

Julien : Parfait, j'aime bien quand on pratique à l'oral. Ça aide à prendre confiance.

Julien: Perfect, I like when we practice speaking. It helps to build confidence.

Clara : Oui, c'est vrai. Bon, on y va ? Le cours va bientôt commencer.

Clara: Yes, that's true. Well, shall we go? Class is about to start.

Julien : Oui, allons-y. On se retrouve à la salle de classe.

Julien: Yes, let's go. See you in the classroom.

Clara : À tout de suite !

Clara: See you in a bit!

Chez le concessionnaire automobile

Vendeur : Bonjour, comment puis-je vous aider aujourd'hui ?

Salesperson: Hello, how can I help you today?

Marc : Bonjour, je cherche une nouvelle voiture. J'aimerais voir les modèles que vous avez en stock.

Marc: Hello, I'm looking for a new car. I'd like to see the models you have in stock.

Vendeur : Bien sûr. Vous avez une idée du type de voiture que vous voulez ?

Salesperson: Of course. Do you have an idea of the type of car you want?

Marc : Oui, je voudrais une petite voiture, facile à conduire en ville, mais avec assez de place pour les courses et les bagages.

Marc: Yes, I'd like a small car, easy to drive in the city, but with enough space for shopping and luggage.

Vendeur : Très bien. Nous avons ce modèle ici, une citadine compacte, parfaite pour la ville. Elle est économique et a un bon coffre.

Salesperson: Very well. We have this model here, a compact city car, perfect for the city. It's economical and has a good trunk.

Marc : Ça m'a l'air bien. Elle est disponible en automatique ?

Marc: That sounds good. Is it available in automatic?

Vendeur : Oui, nous avons des modèles avec boîte automatique et manuelle.

Salesperson: Yes, we have models with automatic and manual transmission.

Marc : Parfait. Et la consommation d'essence, elle est comment ?

Marc: Perfect. And how's the fuel consumption?

Vendeur : Elle consomme environ 5 litres aux 100 kilomètres, donc elle est assez économique.

Salesperson: It consumes about 5 liters per 100 kilometers, so it's quite economical.

Marc : Super. Quel est le prix de ce modèle ?

Marc: Great. What's the price of this model?

Vendeur : Ce modèle est à 15 000 euros. Il y a aussi des options supplémentaires comme le GPS intégré et la climatisation automatique.

Salesperson: This model is 15,000 euros. There are also additional options like integrated GPS and automatic air conditioning.

Marc : D'accord. Est-ce que vous avez d'autres couleurs disponibles ?

Marc: Okay. Do you have other colors available?

Vendeur : Oui, ce modèle existe en blanc, gris, et bleu foncé.

Salesperson: Yes, this model comes in white, gray, and dark blue.

Marc : Je pense que le bleu me plaît. Est-ce que je peux faire un essai ?

Marc: I think I like the blue. Can I take a test drive?

Vendeur : Bien sûr, je vais chercher les clés. Vous pouvez essayer la voiture tout de suite.

Salesperson: Of course, I'll get the keys. You can test drive the car right away.

(Après l'essai de la voiture)

Marc : L'essai s'est bien passé. La voiture est agréable à conduire.

Marc: The test drive went well. The car is nice to drive.

Vendeur : Je suis content qu'elle vous plaise. Vous souhaitez finaliser l'achat aujourd'hui ?

Salesperson: I'm glad you like it. Do you want to finalize the purchase today?

Marc : Oui, je pense que je vais la prendre.

Marc: Yes, I think I'll take it.

Vendeur : Parfait ! Nous allons remplir les papiers, et la voiture sera prête dans quelques jours.

Salesperson: Perfect! We'll fill out the paperwork, and the car will be ready in a few days.

Marc : Merci beaucoup !

Marc: Thank you very much!

Vendeur : Avec plaisir. Félicitations pour votre nouvelle voiture !

Salesperson: My pleasure. Congratulations on your new car!

Marc : Merci, à bientôt !

Marc: Thank you, see you soon!

Parler des objectifs futurs

Emma : Salut, Julien ! Est-ce que tu as déjà pensé à tes objectifs pour l'année prochaine ?

Emma: Hi, Julien! Have you already thought about your goals for next year?

Julien : Salut, Emma ! Oui, j'y pense en ce moment. J'aimerais vraiment apprendre une nouvelle langue.

Julien: Hi, Emma! Yes, I'm thinking about it right now. I'd really like to learn a new language.

Emma : C'est un super objectif ! Quelle langue tu veux apprendre ?

Emma: That's a great goal! Which language do you want to learn?

Julien : Je pense que je vais commencer l'espagnol. Ça peut être utile pour voyager et au travail.

Julien: I think I'll start with Spanish. It could be useful for traveling and at work.

Emma : Oui, c'est vrai. Moi, j'aimerais voyager plus. J'espère pouvoir visiter plusieurs pays l'année prochaine.

Emma: Yes, that's true. I'd like to travel more. I hope to visit several countries next year.

Julien : C'est génial ! Où aimerais-tu aller ?

Julien: That's awesome! Where would you like to go?

Emma : Je voudrais aller au Japon et peut-être en Italie. J'ai toujours rêvé de découvrir ces pays.

Emma: I'd like to go to Japan and maybe Italy. I've always dreamed of exploring those countries.

Julien : Ce sont de très beaux endroits. Et tu as d'autres objectifs ?

Julien: Those are beautiful places. Do you have any other goals?

Emma : Oui, je veux aussi être plus en forme. Je vais essayer de faire du sport régulièrement.

Emma: Yes, I also want to get in better shape. I'll try to exercise regularly.

Julien : Moi aussi, j'aimerais améliorer ma forme physique. Je pense commencer à aller à la salle de sport trois fois par semaine.

Julien: Me too, I'd like to improve my fitness. I'm thinking of going to the gym three times a week.

Emma : C'est une bonne idée ! On pourrait se motiver ensemble pour rester actifs.

Emma: That's a good idea! We could motivate each other to stay active.

Julien : Oui, ça serait super ! Tu as des objectifs professionnels pour l'année prochaine ?

Julien: Yes, that would be great! Do you have any professional goals for next year?

Emma : Oui, je veux suivre une formation pour améliorer mes compétences en informatique. Et toi ?

Emma: Yes, I want to take a course to improve my IT skills. And you?

Julien : Moi, je voudrais obtenir une promotion au travail. Pour ça, je vais essayer de suivre plus de formations.

Julien: I'd like to get a promotion at work. To do that, I'll try to take more training courses.

Emma : C'est un bon plan. Je suis sûre que tu vas y arriver.

Emma: That's a good plan. I'm sure you'll succeed.

Julien : Merci ! Et toi, je suis certain que tu vas réussir à voyager et à atteindre tes objectifs.

Julien: Thank you! And you, I'm sure you'll manage to travel and achieve your goals.

Emma : Merci, Julien ! On va tout faire pour que l'année prochaine soit productive.

Emma: Thanks, Julien! We'll do everything to make next year productive.

Julien : Oui, tout à fait. On se tient au courant de nos progrès alors ?

Julien: Yes, absolutely. Shall we keep each other updated on our progress?

Emma : Oui, bien sûr ! À bientôt, Julien !

Emma: Yes, of course! See you soon, Julien!

Julien : À bientôt, Emma !

Julien: See you soon, Emma!

Parler de la famille

Marie : Salut, Paul ! Comment ça va ? Tu passes du temps avec ta famille ce week-end ?

Marie: Hi, Paul! How are you? Are you spending time with your family this weekend?

Paul : Salut, Marie ! Oui, je vais voir mes parents dimanche. Et toi, tu vois souvent ta famille ?

Paul: Hi, Marie! Yes, I'm going to see my parents on Sunday. And you, do you see your family often?

Marie : Oui, j'essaie de les voir au moins une fois par mois. J'ai deux frères et une sœur, donc on essaie de se réunir souvent.

Marie: Yes, I try to see them at least once a month. I have two brothers and a sister, so we try to get together often.

Paul : C'est sympa ! Moi, je suis fils unique, mais je passe beaucoup de temps avec mes cousins.

Paul: That's nice! I'm an only child, but I spend a lot of time with my cousins.

Marie : C'est bien d'avoir de la famille proche. Tes parents habitent près de chez toi ?

Marie: It's great to have close family. Do your parents live near you?

Paul : Oui, ils habitent à environ 30 minutes. On se voit régulièrement, surtout pour les repas en famille.

Paul: Yes, they live about 30 minutes away. We see each other regularly, especially for family meals.

Marie : C'est pratique. Mes parents habitent un peu plus loin, à deux heures de route, donc je ne peux pas les voir toutes les semaines.

Marie: That's convenient. My parents live a bit farther, two hours away by car, so I can't see them every week.

Paul : Ah oui, ça fait un peu loin, mais au moins, vous vous voyez de temps en temps.

Paul: Oh yes, that's a bit far, but at least you see each other from time to time.

Marie : Oui, on fait de notre mieux. Et tu passes souvent du temps avec tes cousins ?

Marie: Yes, we do our best. And do you often spend time with your cousins?

Paul : Oui, surtout pendant les vacances. On part souvent ensemble à la montagne ou à la mer.

Paul: Yes, especially during vacations. We often go together to the mountains or the sea.

Marie : C'est génial ! Moi, je passe Noël avec toute ma famille. C'est une tradition pour nous.

Marie: That's great! I spend Christmas with my whole family. It's a tradition for us.

Paul : C'est pareil pour nous. Noël est toujours un moment spécial en famille.

Paul: It's the same for us. Christmas is always a special time with family.

Marie : Oui, j'adore ça. Et tes grands-parents, ils habitent près de chez toi aussi ?

Marie: Yes, I love it. And your grandparents, do they live near you too?

Paul : Non, ils habitent dans le sud de la France. On essaie de leur rendre visite deux fois par an.

Paul: No, they live in the south of France. We try to visit them twice a year.

Marie : C'est bien de pouvoir garder le contact.

Marie: It's great to be able to keep in touch.

Paul : Oui, la famille, c'est important. Et toi, tu as des grands-parents ?

Paul: Yes, family is important. And you, do you have grandparents?

Marie : Oui, mes grands-parents habitent dans la même ville que mes parents, donc je les vois souvent quand je rends visite à mes parents.

Marie: Yes, my grandparents live in the same city as my parents, so I see them often when I visit my parents.

Paul : C'est chouette de pouvoir passer du temps avec eux.

Paul: It's nice to be able to spend time with them.

Marie : Oui, j'apprécie beaucoup. Bon, on se tient au courant pour se revoir bientôt ?

Marie: Yes, I really appreciate it. Well, shall we keep in touch and meet again soon?

Paul : Oui, avec plaisir ! À bientôt, Marie !

Paul: Yes, with pleasure! See you soon, Marie!

Marie : À bientôt, Paul !

Marie: See you soon, Paul!

Parler des plans d'études

Lucie : Salut, Max ! Tu as des projets pour continuer tes études l'année prochaine ?

Lucie: Hi, Max! Do you have plans to continue your studies next year?

Max : Salut, Lucie ! Oui, je pense m'inscrire à l'université pour étudier le commerce. Et toi ?

Max: Hi, Lucie! Yes, I'm thinking of enrolling at university to study business. And you?

Lucie : Moi, je voudrais faire une formation en psychologie. C'est un domaine qui m'intéresse beaucoup.

Lucie: I'd like to do a program in psychology. It's a field that interests me a lot.

Max : C'est super ! La psychologie, c'est un domaine fascinant. Tu veux travailler dans quel secteur plus tard ?

Max: That's great! Psychology is a fascinating field. What sector do you want to work in later?

Lucie : J'aimerais devenir psychologue pour enfants, mais je dois d'abord faire un master. Ça va prendre quelques années.

Lucie: I'd like to become a child psychologist, but I have to do a master's first. It will take a few years.

Max : Oui, c'est un long parcours, mais c'est important de faire ce que tu aimes.

Max: Yes, it's a long path, but it's important to do what you love.

Lucie : Et toi, pourquoi tu choisis le commerce ?

Lucie: And you, why are you choosing business?

Max : Je pense que c'est un domaine avec beaucoup de possibilités. Je voudrais peut-être travailler dans le marketing ou la gestion d'entreprise.

Max: I think it's a field with a lot of possibilities. I might want to work in marketing or business management.

Lucie : C'est vrai, il y a beaucoup d'opportunités dans le commerce. Tu as déjà choisi ton université ?

Lucie: That's true, there are many opportunities in business. Have you already chosen your university?

Max : Pas encore, mais j'hésite entre deux universités. Une est à Paris, et l'autre à Lyon.

Max: Not yet, but I'm hesitating between two universities. One is in Paris, and the other is in Lyon.

Lucie : Ah, Paris ou Lyon, ce sont deux villes géniales pour étudier !

Lucie: Ah, Paris or Lyon, those are two great cities to study in!

Max : Oui, je dois décider bientôt. Et toi, où comptes-tu étudier ?

Max: Yes, I need to decide soon. And you, where do you plan to study?

Lucie : Je pense rester ici, dans ma ville. Il y a une bonne université avec un programme en psychologie.

Lucie: I think I'll stay here, in my city. There's a good university with a psychology program.

Max : C'est bien aussi de rester proche de chez soi. Ça te permet de rester avec ta famille.

Max: It's also nice to stay close to home. It allows you to stay with your family.

Lucie : Oui, et ça m'évite de déménager. Mais c'est vrai que j'aimerais peut-être partir plus tard, pour faire un stage ou un échange à l'étranger.

Lucie: Yes, and it saves me from moving. But it's true that I might want to go abroad later, for an internship or an exchange.

Max : C'est une bonne idée ! Moi aussi, j'aimerais faire un échange, peut-être en Espagne ou aux États-Unis.

Max: That's a good idea! I'd also like to do an exchange, maybe in Spain or the United States.

Lucie : Oui, étudier à l'étranger, c'est une belle expérience. Tu as déjà pensé à apprendre une autre langue pour tes études ?

Lucie: Yes, studying abroad is a great experience. Have you thought about learning another language for your studies?

Max : Oui, je pense améliorer mon anglais. C'est essentiel dans le commerce. Et toi, tu parles d'autres langues ?

Max: Yes, I'm thinking of improving my English. It's essential in business. And you, do you speak other languages?

Lucie : Je parle un peu d'espagnol, mais j'aimerais apprendre l'allemand aussi.

Lucie: I speak a little Spanish, but I'd also like to learn German.

Max : C'est génial ! Apprendre plusieurs langues, c'est vraiment un plus pour le futur.

Max: That's great! Learning multiple languages is really an advantage for the future.

Lucie : Oui, c'est clair. Bon, on se motive pour nos projets d'études alors !

Lucie: Yes, definitely. Well, let's stay motivated for our study plans!

Max : Oui, absolument ! À bientôt, Lucie !

Max: Yes, absolutely! See you soon, Lucie!

Lucie : À bientôt, Max !

Lucie: See you soon, Max!

À la laverie

Sophie : Bonjour, est-ce que cette machine est libre ?

Sophie: Hello, is this machine free?

Marc : Bonjour, oui, elle est libre. Je viens juste de finir avec la mienne.

Marc: Hello, yes, it's free. I just finished with mine.

Sophie : Merci ! C'est la première fois que je viens ici, je ne sais pas trop comment ça marche.

Sophie: Thanks! It's my first time here, I'm not quite sure how it works.

Marc : Pas de souci, je peux vous aider. Vous avez déjà mis votre linge dans la machine ?

Marc: No problem, I can help you. Have you already put your laundry in the machine?

Sophie : Oui, il est déjà dedans. Maintenant, je dois choisir le programme, c'est ça ?

Sophie: Yes, it's already in. Now I have to choose the program, right?

Marc : Oui, choisissez le programme en fonction du type de vêtements. Pour du linge normal, vous pouvez choisir 30 ou 40 degrés.

Marc: Yes, choose the program based on the type of clothes. For regular laundry, you can choose 30 or 40 degrees.

Sophie : D'accord, je vais mettre 30 degrés. Et pour la lessive ?

Sophie: Okay, I'll set it to 30 degrees. And for the detergent?

Marc : Vous devez mettre la lessive dans le compartiment ici. Vous avez de la lessive liquide ou en poudre ?

Marc: You need to put the detergent in the compartment here. Do you have liquid or powder detergent?

Sophie : J'ai de la lessive liquide.

Sophie: I have liquid detergent.

Marc : Parfait, versez-la ici. Ensuite, vous pouvez fermer la porte et mettre les pièces ou payer par carte.

Marc: Perfect, pour it here. Then, you can close the door and either insert coins or pay by card.

Sophie : Je vais payer par carte. Je dois aussi prendre une machine pour sécher mes vêtements après, non ?

Sophie: I'll pay by card. I also need a machine to dry my clothes afterward, right?

Marc : Oui, vous pouvez utiliser les sèche-linges là-bas. Une fois que votre machine est terminée, transférez votre linge et choisissez la durée de séchage.

Marc: Yes, you can use the dryers over there. Once your washing machine is done, transfer your laundry and choose the drying time.

Sophie : Combien de temps ça prend en général ?

Sophie: How long does it usually take?

Marc : Ça dépend, mais 30 à 40 minutes suffisent pour la plupart des vêtements.

Marc: It depends, but 30 to 40 minutes are enough for most clothes.

Sophie : D'accord, merci beaucoup pour votre aide !

Sophie: Okay, thank you so much for your help!

Marc : De rien, c'est toujours un peu compliqué la première fois, mais après, c'est facile.

Marc: You're welcome, it's always a bit tricky the first time, but after that, it's easy.

Sophie : Oui, c'est vrai. Vous venez souvent ici ?

Sophie: Yes, that's true. Do you come here often?

Marc : Oui, une fois par semaine. J'habite tout près, donc c'est pratique.

Marc: Yes, once a week. I live nearby, so it's convenient.

Sophie : Ah, je comprends. Moi, je viens juste d'emménager dans le quartier.

Sophie: Ah, I see. I just moved into the neighborhood.

Marc : Bienvenue alors ! Si vous avez d'autres questions, n'hésitez pas.

Marc: Welcome then! If you have any other questions, feel free to ask.

Sophie : Merci, c'est gentil. Bon, je vais commencer ma machine maintenant.

Sophie: Thank you, that's kind. Well, I'm going to start my machine now.

Marc : D'accord, bonne lessive !

Marc: Alright, enjoy your laundry!

Sophie : Merci, à bientôt !

Sophie: Thanks, see you soon!

À la boulangerie

Client : Bonjour !

Client: Hello!

Boulangère : Bonjour, je peux vous aider ?

Baker: Hello, can I help you?

Client : Oui, je voudrais une baguette, s'il vous plaît.

Client: Yes, I'd like a baguette, please.

Boulangère : Vous préférez une baguette tradition ou classique ?

Baker: Do you prefer a traditional or classic baguette?

Client : Je vais prendre une baguette tradition, s'il vous plaît.

Client: I'll take a traditional baguette, please.

Boulangère : Très bien. Et avec ça, vous voulez autre chose ?

Baker: Very well. Would you like anything else with that?

Client : Oui, je vais aussi prendre deux croissants et une tartelette aux fraises.

Client: Yes, I'll also take two croissants and a strawberry tart.

Boulangère : D'accord. Les croissants sont tout frais, ils viennent de sortir du four.

Baker: Alright. The croissants are fresh; they just came out of the oven.

Client : Parfait, merci ! Vous avez aussi des pains au chocolat ?

Client: Perfect, thank you! Do you also have chocolate croissants?

Boulangère : Oui, bien sûr. Vous en voulez un ?

Baker: Yes, of course. Would you like one?

Client : Oui, je vais en prendre un aussi.

Client: Yes, I'll take one as well.

Boulangère : Très bien. Ça vous fera 7,50 euros, s'il vous plaît.

Baker: Very well. That will be 7.50 euros, please.

Client : Voilà. Je paie par carte.

Client: Here you go. I'll pay by card.

Boulangère : Merci beaucoup. Voici votre baguette et vos pâtisseries.

Baker: Thank you very much. Here's your baguette and pastries.

Client : Merci ! Vous êtes toujours ouverte à quelle heure le matin ?

Client: Thank you! What time do you open in the morning?

Boulangère : On ouvre tous les jours à 7h, sauf le lundi, on est fermé.

Baker: We open every day at 7 a.m., except Monday, we're closed.

Client : Parfait, merci beaucoup. À bientôt !

Client: Perfect, thank you very much. See you soon!

Boulangère : Avec plaisir, à bientôt et bonne journée !

Baker: My pleasure, see you soon, and have a great day!

Préparer un road trip

Lucie : Salut, Max ! Tu es prêt pour notre road trip ce week-end ?

Lucie: Hi, Max! Are you ready for our road trip this weekend?

Max : Salut, Lucie ! Presque. J'ai déjà vérifié la voiture, mais je dois encore préparer mes affaires.

Max: Hi, Lucie! Almost. I've already checked the car, but I still need to pack my things.

Lucie : Ah, moi aussi, je dois encore faire ma valise. On part samedi matin, c'est ça ?

Lucie: Oh, I still need to pack too. We're leaving Saturday morning, right?

Max : Oui, on se retrouve à 8h pour partir tôt. Ça te va ?

Max: Yes, we'll meet at 8 a.m. to leave early. Does that work for you?

Lucie : Oui, parfait. Tu as déjà pensé à l'itinéraire ?

Lucie: Yes, perfect. Have you already thought about the route?

Max : Oui, j'ai tout planifié. On va prendre l'autoroute au début, puis on passera par des petites routes pour profiter du paysage.

Max: Yes, I've planned everything. We'll take the highway at first, then go through smaller roads to enjoy the scenery.

Lucie : Génial, j'adore les petits villages ! Et on va faire des pauses en route, non ?

Lucie: Awesome, I love small villages! And we're going to take breaks along the way, right?

Max : Oui, bien sûr. J'ai repéré quelques bons endroits pour s'arrêter manger ou boire un café.

Max: Yes, of course. I've found a few good spots to stop for food or coffee.

Lucie : Parfait. Est-ce que tu t'occupes de la musique ?

Lucie: Perfect. Are you in charge of the music?

Max : Oui, j'ai déjà fait une playlist pour le voyage. Tu veux ajouter des chansons ?

Max: Yes, I've already made a playlist for the trip. Do you want to add some songs?

Lucie : Oui, j'ajouterai quelques morceaux ce soir. Et tu as prévu quoi pour les snacks ?

Lucie: Yes, I'll add a few tracks tonight. And what have you planned for snacks?

Max : J'ai pensé prendre des fruits, des chips et des barres de céréales. On pourra aussi s'arrêter acheter quelque chose si besoin.

Max: I thought about bringing fruit, chips, and cereal bars. We can also stop to buy something if we need.

Lucie : Super idée. Tu as vérifié que la voiture est en bon état ?

Lucie: Great idea. Did you check if the car is in good shape?

Max : Oui, j'ai vérifié les pneus, l'huile et l'essence. On est prêts à partir.

Max: Yes, I checked the tires, oil, and gas. We're ready to go.

Lucie : Parfait. J'ai hâte de partir ! Tu sais combien de temps ça va nous prendre ?

Lucie: Perfect. I can't wait to leave! Do you know how long it will take us?

Max : Environ 4 heures, sans compter les pauses. Ça devrait être une route sympa.

Max: About 4 hours, not counting the breaks. It should be a nice drive.

Lucie : Cool ! On peut partager la conduite si tu veux.

Lucie: Cool! We can share the driving if you'd like.

Max : Oui, ça serait bien. On se relayera pour que ce soit moins fatigant.

Max: Yes, that would be good. We'll take turns so it's less tiring.

Lucie : D'accord. Bon, je vais finir de préparer mes affaires. À samedi matin alors !

Lucie: Alright. Well, I'm going to finish packing. See you Saturday morning then!

Max : Oui, à samedi ! Je suis impatient de partir.

Max: Yes, see you Saturday! I'm excited to go.

Lucie : Moi aussi. À bientôt !

Lucie: Me too. See you soon!

Max : À bientôt, Lucie !

Max: See you soon, Lucie!

Se revoir après un voyage

Marie : Salut, Paul ! Ça fait longtemps ! Comment s'est passé ton voyage ?

Marie: Hi, Paul! It's been a while! How was your trip?

Paul : Salut, Marie ! Oui, ça fait un moment. Mon voyage s'est super bien passé, merci !

Paul: Hi, Marie! Yes, it's been a while. My trip went really well, thanks!

Marie : Où est-ce que tu es allé déjà ?

Marie: Where did you go again?

Paul : Je suis allé en Espagne, à Barcelone. C'était incroyable !

Paul: I went to Spain, to Barcelona. It was amazing!

Marie : Oh, j'adore Barcelone ! Qu'est-ce que tu as fait là-bas ?

Marie: Oh, I love Barcelona! What did you do there?

Paul : J'ai visité la Sagrada Familia, le parc Güell, et j'ai beaucoup marché dans le quartier gothique.

Paul: I visited the Sagrada Familia, Park Güell, and walked a lot in the Gothic Quarter.

Marie : Génial ! Et la nourriture ? Tu as mangé des tapas ?

Marie: Awesome! And the food? Did you eat tapas?

Paul : Oui, les tapas étaient délicieux ! J'ai aussi goûté la paella, c'était vraiment bon.

Paul: Yes, the tapas were delicious! I also tried paella, it was really good.

Marie : Ça me donne envie d'y aller aussi ! Tu es resté combien de temps ?

Marie: That makes me want to go too! How long did you stay?

Paul : J'y suis resté une semaine. J'aurais bien voulu rester plus longtemps.

Paul: I stayed for a week. I would have liked to stay longer.

Marie : Je te comprends. Tu es rentré quand ?

Marie: I understand. When did you come back?

Paul : Je suis rentré hier soir. Je suis un peu fatigué à cause du vol, mais ça va.

Paul: I got back last night. I'm a bit tired from the flight, but I'm fine.

Marie : J'imagine ! Tu as pris beaucoup de photos ?

Marie: I can imagine! Did you take lots of photos?

Paul : Oui, j'ai pris plein de photos. Je te les montrerai la prochaine fois.

Paul: Yes, I took plenty of photos. I'll show them to you next time.

Marie : Super, j'ai hâte de les voir ! Alors, quel est ton prochain voyage ?

Marie: Great, I can't wait to see them! So, what's your next trip?

Paul : (rires) Je ne sais pas encore, mais j'aimerais bien visiter l'Italie l'année prochaine.

Paul: (laughs) I don't know yet, but I'd love to visit Italy next year.

Marie : Oh, ça serait génial aussi ! Bon, repose-toi bien après ton voyage. On se voit bientôt ?

Marie: Oh, that would be great too! Well, get some rest after your trip. Shall we see each other soon?

Paul : Oui, on se revoit bientôt. On pourra prendre un café et je te raconterai tout en détail.

Paul: Yes, we'll see each other soon. We can grab a coffee, and I'll tell you everything in detail.

Marie : Avec plaisir ! À bientôt, Paul !

Marie: Sounds great! See you soon, Paul!

Paul : À bientôt, Marie !

Paul: See you soon, Marie!

Parler d'un livre préféré

Camille : Salut, Léa ! Tu lis quoi en ce moment ?

Camille: Hi, Léa! What are you reading right now?

Léa : Salut, Camille ! Je relis mon livre préféré, Le Petit Prince de Saint-Exupéry.

Léa: Hi, Camille! I'm rereading my favorite book, *The Little Prince* by Saint-Exupéry.

Camille : Ah oui, c'est un classique ! Pourquoi c'est ton livre préféré ?

Camille: Oh yes, it's a classic! Why is it your favorite book?

Léa : J'adore l'histoire, c'est à la fois simple et profond. Chaque fois que je le lis, je découvre quelque chose de nouveau.

Léa: I love the story, it's both simple and deep. Every time I read it, I discover something new.

Camille : Oui, c'est vrai. Les personnages sont vraiment intéressants, surtout le petit prince.

Camille: Yes, that's true. The characters are really interesting, especially the little prince.

Léa : Exactement. J'aime aussi les messages sur l'amitié et la vie. Et toi, tu as un livre préféré ?

Léa: Exactly. I also love the messages about friendship and life. And you, do you have a favorite book?

Camille : Oui, moi j'adore Harry Potter. Je peux lire la série encore et encore sans m'ennuyer.

Camille: Yes, I love *Harry Potter*. I can read the series over and over without getting bored.

Léa : Oh oui, Harry Potter, c'est tellement bien ! Quel est ton tome préféré ?

Léa: Oh yes, *Harry Potter* is so good! Which is your favorite book in the series?

Camille : Je pense que c'est le troisième, Le Prisonnier d'Azkaban. J'adore l'histoire avec Sirius Black. Et toi, tu aimes Harry Potter aussi ?

Camille: I think it's the third one, *The Prisoner of Azkaban*. I love the story with Sirius Black. And you, do you like *Harry Potter* too?

Léa : Oui, j'adore. Mon préféré, c'est le quatrième, La Coupe de Feu, parce qu'il y a le tournoi et beaucoup d'action.

Léa: Yes, I love it. My favorite is the fourth one, *The Goblet of Fire*, because of the tournament and all the action.

Camille : Oui, celui-là est génial aussi. Tu préfères lire des romans d'aventure ou des livres plus philosophiques comme Le Petit Prince ?

Camille: Yes, that one is great too. Do you prefer reading adventure novels or more philosophical books like *The Little Prince*?

Léa : J'aime les deux, mais ça dépend de mon humeur. Parfois, j'ai envie de réfléchir, et parfois, j'ai juste envie d'une bonne histoire d'aventure.

Léa: I like both, but it depends on my mood. Sometimes I want to think, and other times I just want a good adventure story.

Camille : Je comprends. Moi, je lis surtout des romans d'aventure, mais j'aimerais lire plus de classiques comme Le Petit Prince.

Camille: I understand. I mostly read adventure novels, but I'd like to read more classics like *The Little Prince*.

Léa : C'est une bonne idée ! Tu verras, il y a beaucoup de classiques qui sont vraiment passionnants.

Léa: That's a good idea! You'll see, there are many classics that are really fascinating.

Camille : Oui, je vais essayer. Peut-être que je commencerai par Le Petit Prince justement !

Camille: Yes, I'll give it a try. Maybe I'll start with *The Little Prince* then!

Léa : Bonne idée ! C'est un bon livre pour commencer. Si tu veux, je peux te prêter mon exemplaire.

Léa: Good idea! It's a great book to start with. If you want, I can lend you my copy.

Camille : Merci, c'est gentil ! Je te dirai ce que j'en pense.

Camille: Thanks, that's kind of you! I'll tell you what I think of it.

Léa : Avec plaisir. J'ai hâte de connaître ton avis !

Léa: You're welcome. I can't wait to hear your thoughts!

Camille : D'accord, on en reparle bientôt alors. À bientôt, Léa !

Camille: Alright, we'll talk about it soon then. See you soon, Léa!

Léa : À bientôt, Camille !

Léa: See you soon, Camille!

Parler des souvenirs d'enfance

Julie : Salut, Clara ! Est-ce que tu te souviens de ta première école ?

Julie: Hi, Clara! Do you remember your first school?

Clara : Salut, Julie ! Oui, bien sûr ! J'ai des super souvenirs de mon école primaire. Et toi ?

Clara: Hi, Julie! Yes, of course! I have great memories of my elementary school. And you?

Julie : Oui, moi aussi. Je me souviens des récréations, on jouait souvent à cache-cache avec mes amis.

Julie: Yes, me too. I remember recess; we often played hide and seek with my friends.

Clara : Moi, je jouais beaucoup à l'élastique avec mes copines. C'était tellement amusant !

Clara: I used to play a lot of elastic jump with my girlfriends. It was so much fun!

Julie : Oh, l'élastique ! J'adorais ça aussi. Tu te souviens de ton premier jour d'école ?

Julie: Oh, elastic jump! I loved that too. Do you remember your first day of school?

Clara : Oui, j'étais très nerveuse, mais ma maîtresse était gentille, et je me suis vite fait des amis. Et toi ?

Clara: Yes, I was very nervous, but my teacher was kind, and I quickly made friends. And you?

Julie : Moi aussi, j'étais un peu stressée, mais tout le monde était sympa. Je me souviens que ma maman m'avait acheté un joli cartable rose pour ce jour-là.

Julie: Me too, I was a bit stressed, but everyone was nice. I remember my mom bought me a cute pink schoolbag for that day.

Clara : Trop mignon ! Et tu avais un jouet préféré quand tu étais petite ?

Clara: So cute! And did you have a favorite toy when you were little?

Julie : Oui, j'avais une peluche en forme de lapin que je gardais tout le temps avec moi. Et toi ?

Julie: Yes, I had a stuffed rabbit that I always kept with me. And you?

Clara : Moi, j'avais une poupée que j'adorais. Je l'emmenais partout !

Clara: I had a doll that I loved. I took it everywhere!

Julie : C'est drôle de penser à tout ça. On avait des vies tellement simples à l'époque.

Julie: It's funny to think about all that. We had such simple lives back then.

Clara : Oui, c'était le bon temps. Tu allais souvent au parc avec ta famille ?

Clara: Yes, those were the good times. Did you often go to the park with your family?

Julie : Oui, tous les week-ends. Mon frère et moi, on adorait faire du vélo et jouer au ballon.

Julie: Yes, every weekend. My brother and I loved riding bikes and playing ball.

Clara : Moi, je faisais souvent du toboggan et des balançoires avec mes cousins. C'était tellement amusant !

Clara: I often played on the slide and swings with my cousins. It was so much fun!

Julie : Tu regardais des dessins animés aussi ?

Julie: Did you watch cartoons too?

Clara : Oh oui ! Mon préféré, c'était Les Schtroumpfs. Et toi ?

Clara: Oh yes! My favorite was *The Smurfs*. And you?

Julie : J'adorais Tom et Jerry. Je pouvais passer des heures à les regarder.

Julie: I loved *Tom and Jerry*. I could watch them for hours.

Clara : Ah, les bons souvenirs d'enfance ! On était insouciants à cette époque.

Clara: Ah, the good childhood memories! We were so carefree back then.

Julie : Oui, c'est sûr. C'est toujours agréable de repenser à ces moments-là.

Julie: Yes, for sure. It's always nice to think back on those moments.

Clara : Absolument. Ça fait du bien d'en parler.

Clara: Absolutely. It feels good to talk about it.

Julie : Oui, ça me rend nostalgique ! On reparlera de ça une autre fois ?

Julie: Yes, it makes me feel nostalgic! Shall we talk about it again another time?

Clara : Bien sûr, avec plaisir ! À bientôt, Julie !

Clara: Of course, with pleasure! See you soon, Julie!

Julie : À bientôt, Clara !

Julie: See you soon, Clara!

Dans le magasin de fleurs

Client : Bonjour !

Client: Hello!

Fleuriste : Bonjour, je peux vous aider ?

Florist: Hello, can I help you?

Client : Oui, je voudrais acheter un bouquet de fleurs. C'est pour un anniversaire.

Client: Yes, I would like to buy a bouquet of flowers. It's for a birthday.

Fleuriste : Très bien. Vous avez une idée des fleurs que vous souhaitez ?

Florist: Very well. Do you have an idea of which flowers you would like?

Client : Pas vraiment. Je voudrais quelque chose de coloré et joyeux.

Client: Not really. I'd like something colorful and cheerful.

Fleuriste : D'accord. Je vous propose un mélange de roses, de lys et de marguerites. C'est un bouquet très coloré et élégant.

Florist: Okay. I suggest a mix of roses, lilies, and daisies. It's a very colorful and elegant bouquet.

Client : Ça a l'air parfait ! Vous pouvez aussi ajouter un peu de vert ?

Client: That sounds perfect! Can you also add a bit of greenery?

Fleuriste : Bien sûr, je vais ajouter des feuilles d'eucalyptus pour donner plus de volume au bouquet.

Florist: Of course, I'll add some eucalyptus leaves to give the bouquet more volume.

Client : Super, merci. Combien de temps cela va-t-il prendre ?

Client: Great, thanks. How long will it take?

Fleuriste : Ça va prendre environ cinq minutes. Vous voulez que je l'emballe aussi ?

Florist: It will take about five minutes. Do you want me to wrap it as well?

Client : Oui, s'il vous plaît. Un joli papier cadeau serait bien.

Client: Yes, please. A nice gift wrap would be great.

Fleuriste : D'accord, je m'en occupe. Vous voulez ajouter une carte avec un message ?

Florist: Okay, I'll take care of it. Would you like to add a card with a message?

Client : Oui, bonne idée ! Vous avez des cartes ?

Client: Yes, good idea! Do you have any cards?

Fleuriste : Oui, juste ici. Vous pouvez choisir celle que vous préférez.

Florist: Yes, right here. You can choose the one you prefer.

Client : Je vais prendre celle avec les cœurs.

Client: I'll take the one with hearts.

Fleuriste : Parfait. Vous pouvez écrire votre message pendant que je prépare le bouquet.

Florist: Perfect. You can write your message while I prepare the bouquet.

(Quelques minutes plus tard)

Fleuriste : Voilà, votre bouquet est prêt. J'espère qu'il vous plaît.

Florist: There you go, your bouquet is ready. I hope you like it.

Client : Il est magnifique, merci beaucoup ! Combien je vous dois ?

Client: It's beautiful, thank you very much! How much do I owe you?

Fleuriste : Ça fait 30 euros, s'il vous plaît.

Florist: That will be 30 euros, please.

Client : Voilà, je paie par carte.

Client: Here you go, I'll pay by card.

Fleuriste : Merci beaucoup. Bonne journée et bon anniversaire à la personne à qui vous l'offrez !

Florist: Thank you very much. Have a great day and happy birthday to the person you're giving it to!

Client : Merci, bonne journée à vous aussi !

Client: Thank you, have a great day as well!

Au marché

Vendeur : Bonjour, mademoiselle ! Qu'est-ce que je vous sers ?

Vendor: Hello, miss! What can I get for you?

Cliente : Bonjour ! Je voudrais des tomates, s'il vous plaît.

Customer: Hello! I'd like some tomatoes, please.

Vendeur : Bien sûr. Combien de kilos voulez-vous ?

Vendor: Of course. How many kilos would you like?

Cliente : Un kilo, ça ira. Elles ont l'air bien mûres.

Customer: One kilo will do. They look very ripe.

Vendeur : Oui, elles viennent directement du producteur. Très bon choix ! Vous voulez autre chose ?

Vendor: Yes, they come directly from the producer. Very good choice! Would you like anything else?

Cliente : Oui, je vais aussi prendre quelques courgettes et des poivrons rouges.

Customer: Yes, I'll also take some zucchini and red peppers.

Vendeur : D'accord. Combien de courgettes et de poivrons ?

Vendor: Alright. How many zucchini and peppers?

Cliente : Trois courgettes et deux poivrons, s'il vous plaît.

Customer: Three zucchini and two peppers, please.

Vendeur : Voilà, c'est tout ?

Vendor: There you go, is that all?

Cliente : Non, je vais aussi prendre une botte de carottes.

Customer: No, I'll also take a bunch of carrots.

Vendeur : Très bien. Vos carottes sont prêtes. Est-ce que vous voulez des fruits ?

Vendor: Very well. Your carrots are ready. Would you like any fruit?

Cliente : Oui, vous avez des pêches ?

Customer: Yes, do you have peaches?

Vendeur : Oui, elles sont délicieuses en ce moment. Je vous en mets combien ?

Vendor: Yes, they're delicious right now. How many should I get you?

Cliente : Un kilo de pêches, s'il vous plaît.

Customer: One kilo of peaches, please.

Vendeur : Parfait. Ça vous fera 12 euros en tout.

Vendor: Perfect. That will be 12 euros in total.

Cliente : Je paie par carte, c'est possible ?

Customer: Can I pay by card, is that possible?

Vendeur : Oui, bien sûr.

Vendor: Yes, of course.

(La cliente paie)

Vendeur : Merci beaucoup ! Voilà vos sacs.

Vendor: Thank you very much! Here are your bags.

Cliente : Merci ! Vous êtes là tous les samedis ?

Customer: Thanks! Are you here every Saturday?

Vendeur : Oui, exactement. De 8h à 13h, au même endroit.

Vendor: Yes, exactly. From 8 a.m. to 1 p.m., at the same spot.

Cliente : Parfait, je reviendrai ! Bonne journée !

Customer: Perfect, I'll come back! Have a great day!

Vendeur : Merci, à vous aussi. À bientôt !

Vendor: Thank you, same to you. See you soon!

Parler des rêves

Sophie : Salut, Paul ! Tu fais des rêves bizarres parfois ?

Sophie: Hi, Paul! Do you have strange dreams sometimes?

Paul : Salut, Sophie ! Oui, ça m'arrive souvent. Justement, j'ai fait un rêve étrange cette nuit.

Paul: Hi, Sophie! Yes, it happens to me often. Actually, I had a strange dream last night.

Sophie : Ah oui ? Raconte !

Sophie: Oh really? Tell me!

Paul : J'ai rêvé que je volais dans le ciel, comme un oiseau. C'était tellement réel !

Paul: I dreamed that I was flying in the sky, like a bird. It felt so real!

Sophie : Waouh, ça doit être génial ! Moi, j'ai souvent des rêves où je cours, mais je n'arrive jamais à avancer.

Sophie: Wow, that must be amazing! I often have dreams where I'm running, but I never manage to move forward.

Paul : Ah oui, ça m'arrive aussi. C'est frustrant, non ?

Paul: Oh yes, that happens to me too. It's frustrating, isn't it?

Sophie : Oui, c'est vraiment bizarre. Tu crois que nos rêves ont une signification ?

Sophie: Yes, it's really weird. Do you think our dreams have a meaning?

Paul : Peut-être. On dit que voler représente la liberté, mais je ne sais pas vraiment.

Paul: Maybe. They say flying represents freedom, but I'm not really sure.

Sophie : Oui, j'ai entendu ça aussi. Moi, je rêve souvent de perdre mes dents.

Sophie: Yes, I've heard that too. I often dream about losing my teeth.

Paul : Ah, il paraît que ça veut dire que tu es stressée ou inquiète.

Paul: Oh, they say that it means you're stressed or worried.

Sophie : Oui, c'est possible. Mais c'est juste un rêve, donc je ne m'en fais pas trop.

Sophie: Yes, that's possible. But it's just a dream, so I don't worry too much about it.

Paul : C'est vrai. Parfois, les rêves sont juste des mélanges d'images sans sens.

Paul: That's true. Sometimes, dreams are just random mixes of images without meaning.

Sophie : Exactement. Et toi, tu te souviens souvent de tes rêves ?

Sophie: Exactly. And you, do you often remember your dreams?

Paul : Pas toujours. Mais quand le rêve est vraiment étrange ou intéressant, je m'en souviens bien.

Paul: Not always. But when the dream is really strange or interesting, I remember it well.

Sophie : Moi aussi. Et tu as déjà fait un cauchemar qui t'a réveillé la nuit ?

Sophie: Me too. And have you ever had a nightmare that woke you up in the middle of the night?

Paul : Oui, ça m'arrive parfois. Je déteste quand je rêve que je tombe dans le vide !

Paul: Yes, that happens to me sometimes. I hate it when I dream that I'm falling into nothing!

Sophie : Oh oui, c'est affreux ! Heureusement, on se réveille toujours juste avant de toucher le sol.

Sophie: Oh yes, it's awful! Luckily, we always wake up just before hitting the ground.

Paul : Oui, c'est bizarre comment ça marche. En tout cas, c'est fascinant de voir ce que notre cerveau invente pendant qu'on dort.

Paul: Yes, it's strange how that works. In any case, it's fascinating to see what our brain comes up with while we sleep.

Sophie : Oui, c'est vrai. Peut-être que la prochaine fois, on fera des rêves plus agréables !

Sophie: Yes, that's true. Maybe next time, we'll have more pleasant dreams!

Paul : J'espère ! Allez, on en reparlera si on fait un autre rêve fou !

Paul: I hope so! Let's talk about it if we have another crazy dream!

Sophie : D'accord, à bientôt, Paul !

Sophie: Alright, see you soon, Paul!

Paul : À bientôt, Sophie !

Paul: See you soon, Sophie!

À un événement de charité

Claire : Salut, Thomas ! Ça fait plaisir de te voir ici. Tu participes à l'événement ?

Claire: Hi, Thomas! It's nice to see you here. Are you participating in the event?

Thomas : Salut, Claire ! Oui, je suis venu donner un coup de main. C'est pour une bonne cause, après tout.

Thomas: Hi, Claire! Yes, I came to lend a hand. It's for a good cause, after all.

Claire : Oui, c'est vrai. Moi, je suis bénévole pour aider à organiser la tombola.

Claire: Yes, that's true. I'm volunteering to help organize the raffle.

Thomas : Super ! Moi, je m'occupe du stand de boissons. Tu veux quelque chose à boire ?

Thomas: Great! I'm in charge of the drink stand. Do you want something to drink?

Claire : Oui, je veux bien un jus de fruits, s'il te plaît. Merci !

Claire: Yes, I'd like a fruit juice, please. Thank you!

Thomas : Voilà ! Tu sais combien de personnes sont attendues aujourd'hui ?

Thomas: Here you go! Do you know how many people are expected today?

Claire : On espère avoir environ 200 personnes. Les fonds vont aider une association qui soutient les enfants défavorisés.

Claire: We're hoping for around 200 people. The funds will help an association that supports disadvantaged children.

Thomas : C'est vraiment une belle initiative. Tu participes souvent à des événements comme ça ?

Thomas: That's really a great initiative. Do you often participate in events like this?

Claire : Oui, dès que je peux. J'aime bien m'impliquer dans des projets de charité. Et toi ?

Claire: Yes, whenever I can. I like to get involved in charity projects. And you?

Thomas : C'est ma première fois. Mais ça me plaît de pouvoir aider. Peut-être que je le ferai plus souvent !

Thomas: It's my first time. But I like being able to help. Maybe I'll do it more often!

Claire : Tu verras, c'est très gratifiant. Et tu as acheté des tickets pour la tombola ?

Claire: You'll see, it's very rewarding. And did you buy any raffle tickets?

Thomas : Oui, j'en ai pris quelques-uns. J'espère gagner quelque chose !

Thomas: Yes, I got a few. I hope to win something!

Claire : (rires) Bonne chance alors ! Il y a de beaux prix à gagner cette année.

Claire: (laughs) Good luck then! There are some great prizes to win this year.

Thomas : Super ! L'ambiance est vraiment sympa ici. Ça fait du bien de voir autant de gens se mobiliser.

Thomas: Great! The atmosphere is really nice here. It feels good to see so many people getting involved.

Claire : Oui, c'est ce que j'adore dans ces événements. Tout le monde est de bonne humeur, et on fait quelque chose de bien ensemble.

Claire: Yes, that's what I love about these events. Everyone is in a good mood, and we're doing something good together.

Thomas : Tout à fait. Je suis content d'être venu. Tu penses qu'il y aura d'autres événements comme celui-ci bientôt ?

Thomas: Exactly. I'm glad I came. Do you think there will be more events like this soon?

Claire : Oui, l'association organise un autre événement en été. On pourra en parler plus tard si ça t'intéresse.

Claire: Yes, the association is organizing another event in the summer. We can talk about it later if you're interested.

Thomas : Oui, je serai partant ! Ça me fait plaisir de m'impliquer.

Thomas: Yes, I'd be up for it! I'm happy to get involved.

Claire : Parfait ! Bon, je vais retourner à la tombola. On se retrouve plus tard ?

Claire: Perfect! Well, I'm going back to the raffle. See you later?

Thomas : Oui, à plus tard, Claire ! Bonne chance avec la tombola.

Thomas: Yes, see you later, Claire! Good luck with the raffle.

Claire : Merci ! À tout à l'heure, Thomas !

Claire: Thanks! See you later, Thomas!

À la répétition de mariage

Marie : Salut, Paul ! Tout est prêt pour la répétition ?

Marie: Hi, Paul! Is everything ready for the rehearsal?

Paul : Salut, Marie ! Oui, on est presque prêts. Il ne manque plus que les fleurs.

Paul: Hi, Marie! Yes, we're almost ready. We just need the flowers.

Marie : Ah, parfait. Et tu es stressé pour demain ?

Marie: Ah, perfect. Are you nervous about tomorrow?

Paul : Un peu, mais tout va bien se passer. Je suis surtout impatient !

Paul: A little, but everything will go well. I'm mostly excited!

Marie : C'est normal. C'est un grand jour pour toi et Sophie. Vous avez répété votre entrée ?

Marie: That's normal. It's a big day for you and Sophie. Did you practice your entrance?

Paul : Oui, on va marcher ensemble jusqu'à l'autel, et les témoins seront juste derrière nous.

Paul: Yes, we'll walk together to the altar, and the witnesses will be right behind us.

Marie : Super ! Et après, il y aura les vœux, non ?

Marie: Great! And after that, there will be the vows, right?

Paul : Oui, on les a préparés hier soir. Sophie a écrit des choses très belles.

Paul: Yes, we prepared them last night. Sophie wrote some beautiful things.

Marie : J'ai hâte d'entendre ça. Et le discours, tu te sens prêt ?

Marie: I can't wait to hear that. And your speech, are you ready?

Paul : Oui, je l'ai répété plusieurs fois, mais j'espère ne pas oublier quelque chose.

Paul: Yes, I've practiced it several times, but I hope I don't forget anything.

Marie : Ne t'inquiète pas, ça va bien se passer. Tu as pensé à la musique pour l'entrée ?

Marie: Don't worry, it will go well. Have you thought about the music for the entrance?

Paul : Oui, on a choisi une chanson classique. L'orchestre va commencer à jouer dès qu'on entrera.

Paul: Yes, we chose a classical song. The orchestra will start playing as soon as we enter.

Marie : C'est parfait. Et pour la sortie après la cérémonie, vous avez prévu quelque chose ?

Marie: That's perfect. And for the exit after the ceremony, have you planned something?

Paul : Oui, il y aura des pétales de fleurs que les invités pourront lancer.

Paul: Yes, there will be flower petals for the guests to throw.

Marie : C'est une belle idée ! Vous avez pensé à tout, je suis impressionnée.

Marie: That's a lovely idea! You've thought of everything, I'm impressed.

Paul : Merci ! On a tout planifié pour que ce soit un jour spécial.

Paul: Thanks! We've planned everything to make it a special day.

Marie : Ça va être magnifique. Et après la cérémonie, il y a la réception, n'est-ce pas ?

Marie: It's going to be beautiful. And after the ceremony, there's the reception, right?

Paul : Oui, on va se retrouver dans la grande salle pour le dîner et la fête.

Paul: Yes, we'll meet in the big hall for the dinner and party.

Marie : Ça va être une journée inoubliable. Bon, je vais me préparer pour la répétition.

Marie: It's going to be an unforgettable day. Well, I'm going to get ready for the rehearsal.

Paul : Oui, allons-y. On va répéter une fois pour que tout soit parfait demain.

Paul: Yes, let's go. We'll practice once so everything will be perfect tomorrow.

Marie : D'accord, on se met en place !

Marie: Alright, let's get in place!

Au centre de jardinage

Client : Bonjour ! Je cherche des plantes pour mon jardin. Pouvez-vous m'aider ?

Client: Hello! I'm looking for plants for my garden. Can you help me?

Vendeur : Bonjour ! Bien sûr, quel type de plantes cherchez-vous ?

Seller: Hello! Of course, what type of plants are you looking for?

Client : J'aimerais des fleurs faciles à entretenir. Je suis débutant en jardinage.

Client: I'd like flowers that are easy to take care of. I'm a beginner at gardening.

Vendeur : D'accord, je vous recommande les géraniums ou les lavandes. Elles sont faciles à cultiver et demandent peu d'entretien.

Seller: Okay, I recommend geraniums or lavender. They are easy to grow and require little maintenance.

Client : Les géraniums, ça m'intéresse. Elles ont besoin de beaucoup de soleil ?

Client: Geraniums, that interests me. Do they need a lot of sun?

Vendeur : Oui, elles aiment le plein soleil. Elles fleurissent très bien en été.

Seller: Yes, they love full sun. They bloom very well in the summer.

Client : Parfait ! Je vais prendre des géraniums. Vous avez aussi des plantes pour l'intérieur ?

Client: Perfect! I'll take some geraniums. Do you also have indoor plants?

Vendeur : Oui, bien sûr. Nous avons des plantes d'intérieur comme les succulentes et les fougères. Elles sont aussi faciles à entretenir.

Seller: Yes, of course. We have indoor plants like succulents and ferns. They are also easy to take care of.

Client : Je pense que je vais essayer une succulente. Elles ne demandent pas trop d'eau, non ?

Client: I think I'll try a succulent. They don't need too much water, right?

Vendeur : Exactement, elles ont besoin d'un arrosage modéré, environ une fois par semaine.

Seller: Exactly, they need moderate watering, about once a week.

Client : Super ! Je vais prendre une succulente aussi.

Client: Great! I'll take a succulent as well.

Vendeur : Très bon choix. Vous avez besoin de terreau ou d'engrais pour vos plantes ?

Seller: Very good choice. Do you need soil or fertilizer for your plants?

Client : Oui, peut-être un peu de terreau pour les fleurs.

Client: Yes, maybe some soil for the flowers.

Vendeur : D'accord, je vous recommande ce terreau universel, il convient à tous types de plantes.

Seller: Okay, I recommend this universal soil, it's suitable for all types of plants.

Client : Parfait, je vais prendre ça.

Client: Perfect, I'll take that.

Vendeur : Très bien. Voilà vos géraniums, votre succulente et le terreau. Vous voulez autre chose ?

Seller: Very well. Here are your geraniums, your succulent, and the soil. Do you need anything else?

Client : Non, ça ira pour aujourd'hui. Combien je vous dois ?

Client: No, that will be all for today. How much do I owe you?

Vendeur : Ça fait 35 euros, s'il vous plaît.

Seller: That's 35 euros, please.

Client : Voilà, je paie par carte.

Client: Here you go, I'll pay by card.

Vendeur : Merci beaucoup ! Bonne chance avec votre jardinage !

Seller: Thank you very much! Good luck with your gardening!

Client : Merci, je vais en avoir besoin. À bientôt !

Client: Thanks, I'll need it. See you soon!

Vendeur : À bientôt, et bon jardinage !

Seller: See you soon, and happy gardening!

Planifier un voyage d'affaires

Julie : Salut, Marc ! On doit organiser notre voyage d'affaires pour la semaine prochaine.

Julie: Hi, Marc! We need to organize our business trip for next week.

Marc : Salut, Julie ! Oui, tu as raison. On part pour Paris, c'est ça ?

Marc: Hi, Julie! Yes, you're right. We're going to Paris, right?

Julie : Oui, on a une réunion importante avec des clients là-bas. Est-ce que tu as déjà réservé les billets d'avion ?

Julie: Yes, we have an important meeting with clients there. Have you already booked the plane tickets?

Marc : Pas encore. Je vais le faire cet après-midi. Tu préfères partir tôt le matin ou en fin de journée ?

Marc: Not yet. I'll do it this afternoon. Do you prefer leaving early in the morning or in the evening?

Julie : Le matin, ce serait mieux. Comme ça, on a plus de temps pour se préparer avant la réunion.

Julie: Morning would be better. That way, we'll have more time to prepare before the meeting.

Marc : D'accord. Je vais réserver un vol pour 8h du matin. On prendra un taxi pour l'aéroport ?

Marc: Alright. I'll book a flight for 8 a.m. Shall we take a taxi to the airport?

Julie : Oui, je pense que c'est plus pratique. Tu as réservé l'hôtel ?

Julie: Yes, I think it's more convenient. Have you booked the hotel?

Marc : Oui, j'ai réservé un hôtel près du centre-ville. Il est à 10 minutes à pied de notre bureau à Paris.

Marc: Yes, I booked a hotel near the city center. It's a 10-minute walk from our office in Paris.

Julie : Parfait ! Est-ce que tu t'occupes aussi de la location de voiture, ou on prend les transports en commun ?

Julie: Perfect! Are you also handling the car rental, or shall we take public transportation?

Marc : Je pense que les transports en commun seront plus faciles à utiliser. Paris est bien desservi en métro.

Marc: I think public transportation will be easier to use. Paris has a good metro system.

Julie : Bonne idée. Il faudra aussi penser aux documents pour la réunion. Tu as tout préparé ?

Julie: Good idea. We'll also need to think about the documents for the meeting. Have you prepared everything?

Marc : Oui, j'ai déjà imprimé les présentations et les rapports. Je vais tout apporter avec moi.

Marc: Yes, I've already printed the presentations and reports. I'll bring everything with me.

Julie : Super. On part combien de jours ?

Julie: Great. How many days are we staying?

Marc : Trois jours. On revient vendredi soir.

Marc: Three days. We'll come back on Friday evening.

Julie : D'accord, je vais préparer mes affaires. Tu penses qu'on aura du temps libre pour visiter un peu Paris ?

Julie: Alright, I'll get my things ready. Do you think we'll have free time to visit Paris a bit?

Marc : Peut-être. Si la réunion se termine tôt, on pourrait faire un tour dans la ville avant de rentrer à l'hôtel.

Marc: Maybe. If the meeting ends early, we could take a walk around the city before heading back to the hotel.

Julie : Ça serait bien ! Bon, je pense qu'on est prêts pour ce voyage.

Julie: That would be nice! Well, I think we're ready for this trip.

Marc : Oui, tout est organisé. Je t'enverrai les détails des billets d'avion cet après-midi.

Marc: Yes, everything is organized. I'll send you the flight details this afternoon.

Julie : Parfait, merci Marc. À bientôt pour le départ !

Julie: Perfect, thanks Marc. See you soon for the departure!

Marc : À bientôt, Julie !

Marc: See you soon, Julie!

Dans un espace de coworking

Camille : Salut, Paul ! Tu travailles ici aussi ?

Camille: Hi, Paul! Do you work here too?

Paul : Salut, Camille ! Oui, je viens souvent ici. C'est tranquille et j'aime bien l'ambiance.

Paul: Hi, Camille! Yes, I come here often. It's quiet, and I like the atmosphere.

Camille : C'est la première fois que je viens. Je voulais essayer quelque chose de différent, au lieu de travailler de chez moi.

Camille: It's my first time here. I wanted to try something different instead of working from home.

Paul : Tu vas voir, c'est super pour être plus concentré. En plus, tu peux rencontrer des gens qui travaillent dans des domaines variés.

Paul: You'll see, it's great for staying focused. Plus, you can meet people working in different fields.

Camille : Oui, c'est ce que j'aime bien. Et tu t'assois toujours au même endroit ?

Camille: Yes, that's what I like about it. Do you always sit in the same spot?

Paul : Non, pas toujours. Aujourd'hui, je suis près de la fenêtre, mais il y a aussi des cabines plus calmes si tu as besoin de silence.

Paul: No, not always. Today, I'm near the window, but there are also quieter booths if you need silence.

Camille : C'est bon à savoir. J'ai une réunion en ligne plus tard, donc je chercherai un endroit plus tranquille.

Camille: That's good to know. I have an online meeting later, so I'll look for a quieter place.

Paul : Oui, il y a des salles privées que tu peux réserver pour les appels.

Paul: Yes, there are private rooms you can reserve for calls.

Camille : Parfait ! Et ils ont du café ici, non ?

Camille: Perfect! And they have coffee here, right?

Paul : Oui, il y a une machine à café juste à l'entrée. Le café est gratuit pour tous les membres.

Paul: Yes, there's a coffee machine right at the entrance. Coffee is free for all members.

Camille : Génial ! Je vais sûrement en prendre un plus tard. Est-ce que tu restes ici toute la journée ?

Camille: Great! I'll probably grab one later. Are you staying here all day?

Paul : Oui, je pense. J'ai pas mal de travail à terminer. Et toi ?

Paul: Yes, I think so. I have quite a bit of work to finish. And you?

Camille : Je vais rester jusqu'à 16h. J'ai quelques projets à finir avant la fin de la journée.

Camille: I'll stay until 4 p.m. I have a few projects to finish by the end of the day.

Paul : C'est bien. Si tu veux, on peut déjeuner ensemble à midi. Il y a une petite cafétéria ici.

Paul: That's good. If you want, we can have lunch together at noon. There's a small cafeteria here.

Camille : Ah, super idée ! Ça me fera une pause sympa.

Camille: Oh, great idea! That will be a nice break for me.

Paul : Parfait. Alors, à midi pour le déjeuner !

Paul: Perfect. So, noon for lunch!

Camille : À tout à l'heure, Paul !

Camille: See you later, Paul!

Paul : À tout à l'heure, Camille !

Paul: See you later, Camille!

Parler avec le propriétaire

Locataire : Bonjour, Monsieur Dupont. Vous avez un moment pour discuter ?

Tenant: Hello, Mr. Dupont. Do you have a moment to talk?

Propriétaire : Bonjour, bien sûr. Que puis-je faire pour vous ?

Landlord: Hello, of course. What can I do for you?

Locataire : J'ai un petit problème dans l'appartement. Il y a une fuite dans la salle de bain.

Tenant: I have a small problem in the apartment. There's a leak in the bathroom.

Propriétaire : Ah, je vois. Depuis quand avez-vous remarqué la fuite ?

Landlord: Ah, I see. When did you notice the leak?

Locataire : Ça a commencé hier soir. C'est l'évier qui fuit.

Tenant: It started last night. It's the sink that's leaking.

Propriétaire : D'accord, je vais appeler un plombier pour venir vérifier ça. Est-ce que vous êtes disponible demain matin ?

Landlord: Alright, I'll call a plumber to come check it out. Are you available tomorrow morning?

Locataire : Oui, je suis à la maison demain matin. Merci beaucoup.

Tenant: Yes, I'll be home tomorrow morning. Thank you very much.

Propriétaire : Pas de souci. Autre chose à signaler ?

Landlord: No problem. Anything else to report?

Locataire : Oui, il y a aussi une lampe dans le couloir qui ne fonctionne plus.

Tenant: Yes, there's also a light in the hallway that's not working anymore.

Propriétaire : Ah, je peux venir la remplacer cet après-midi. Est-ce que ça vous convient ?

Landlord: Ah, I can come replace it this afternoon. Does that work for you?

Locataire : Oui, cet après-midi, c'est parfait.

Tenant: Yes, this afternoon is perfect.

Propriétaire : Très bien. Je passerai vers 15h. Est-ce que tout le reste va bien dans l'appartement ?

Landlord: Very well. I'll come by around 3 p.m. Is everything else fine in the apartment?

Locataire : Oui, tout va bien, merci. À part ces petits problèmes, je suis très content de l'appartement.

Tenant: Yes, everything is fine, thank you. Apart from these small issues, I'm very happy with the apartment.

Propriétaire : Je suis content de l'entendre. N'hésitez pas à me contacter si vous avez besoin de quoi que ce soit d'autre.

Landlord: I'm glad to hear that. Don't hesitate to contact me if you need anything else.

Locataire : Merci beaucoup pour votre aide.

Tenant: Thank you very much for your help.

Propriétaire : De rien. À tout à l'heure pour la lampe, et je m'occupe du plombier pour demain.

Landlord: You're welcome. See you later for the light, and I'll handle the plumber for tomorrow.

Locataire : D'accord, merci. À tout à l'heure !

Tenant: Alright, thanks. See you later!

Parler des séries préférées

Emma : Salut, Julie ! Tu regardes des séries en ce moment ?

Emma: Hi, Julie! Are you watching any series at the moment?

Julie : Salut, Emma ! Oui, je viens de finir une série super. Ça s'appelle "La Casa de Papel".

Julie: Hi, Emma! Yes, I just finished a great series. It's called *La Casa de Papel*.

Emma : Ah oui, je l'ai entendue mentionnée plusieurs fois, mais je ne l'ai pas encore vue. Elle est bien ?

Emma: Oh yes, I've heard it mentioned a few times, but I haven't watched it yet. Is it good?

Julie : Oui, elle est vraiment prenante. C'est l'histoire d'un groupe de voleurs qui planifie un braquage dans une fabrique de monnaie.

Julie: Yes, it's really gripping. It's the story of a group of robbers who plan a heist in a money factory.

Emma : Ça a l'air intense ! Je vais peut-être la regarder. Combien de saisons il y a ?

Emma: That sounds intense! I might watch it. How many seasons are there?

Julie : Il y a cinq saisons, donc ça te tiendra occupée pendant un moment !

Julie: There are five seasons, so it will keep you busy for a while!

Emma : Parfait, j'aime les séries avec plusieurs saisons. Moi, en ce moment, je regarde "Stranger Things".

Emma: Perfect, I like series with several seasons. I'm currently watching *Stranger Things*.

Julie : Oh, j'adore "Stranger Things" ! L'histoire avec les enfants et le monde parallèle est vraiment cool.

Julie: Oh, I love *Stranger Things*! The story with the kids and the parallel world is really cool.

Emma : Oui, c'est captivant ! Les personnages sont attachants, et l'ambiance des années 80 est top.

Emma: Yes, it's captivating! The characters are lovable, and the 80s vibe is great.

Julie : Complètement d'accord ! Tu en es à quelle saison ?

Julie: Totally agree! Which season are you on?

Emma : Je suis à la saison 3. Il y a tellement de suspense que j'ai du mal à m'arrêter !

Emma: I'm on season 3. There's so much suspense that I can't stop!

Julie : (rires) Oui, c'est pareil pour moi quand je la regardais. Et tu as une série préférée de tous les temps ?

Julie: (laughs) Yes, it was the same for me when I watched it. Do you have an all-time favorite series?

Emma : Hmm, je pense que c'est "Friends". J'adore l'humour, et je peux regarder les épisodes encore et encore sans me lasser.

Emma: Hmm, I think it's *Friends*. I love the humor, and I can watch the episodes over and over without getting tired of them.

Julie : Ah, "Friends", un grand classique ! Moi aussi, je l'aime bien. C'est léger et toujours drôle.

Julie: Ah, *Friends*, a classic! I like it too. It's light and always funny.

Emma : Et toi, c'est quoi ta série préférée ?

Emma: And you, what's your favorite series?

Julie : Je dirais "Game of Thrones". J'adore les intrigues politiques et les batailles. Même si la fin m'a un peu déçue.

Julie: I'd say *Game of Thrones*. I love the political plots and battles, even though the ending disappointed me a bit.

Emma : Oui, beaucoup de gens ont dit ça. Mais c'est vrai que l'histoire était vraiment impressionnante.

Emma: Yes, a lot of people said that. But it's true, the story was really impressive.

Julie : Oui, malgré la fin, c'est quand même une de mes séries préférées.

Julie: Yes, despite the ending, it's still one of my favorite series.

Emma : Peut-être que je devrais la regarder aussi, même si j'ai entendu des avis partagés sur la fin.

Emma: Maybe I should watch it too, even though I've heard mixed opinions about the ending.

Julie : Oui, ça vaut le coup pour tout le reste. Et toi, tu as d'autres séries que tu aimerais voir ?

Julie: Yes, it's worth it for the rest of the show. And you, do you have other series you'd like to watch?

Emma : Oui, je pense regarder "The Crown" bientôt. On m'a dit que c'est vraiment bien fait.

Emma: Yes, I'm thinking of watching *The Crown* soon. I've heard it's really well done.

Julie : Ah oui, j'ai vu quelques épisodes, et c'est très intéressant, surtout si tu t'intéresses à l'histoire de la monarchie britannique.

Julie: Oh yes, I've seen a few episodes, and it's very interesting, especially if you're into the history of the British monarchy.

Emma : Oui, ça m'intéresse beaucoup. Bon, je vais ajouter tout ça à ma liste !

Emma: Yes, I'm really interested in that. Well, I'll add all of this to my list!

Julie : (rires) Moi aussi, j'ai une longue liste de séries à regarder.

Julie: (laughs) Me too, I have a long list of series to watch.

Emma : Oui, il y a tellement de bonnes séries ! On se tient au courant de nos découvertes alors ?

Emma: Yes, there are so many good series! Let's keep each other updated on our discoveries?

Julie : Avec plaisir ! À bientôt, Emma !

Julie: With pleasure! See you soon, Emma!

Emma : À bientôt, Julie !

Emma: See you soon, Julie!

Parler d'un événement actuel

Thomas : Salut, Clara ! Tu as entendu parler des inondations dans le sud du pays ?

Thomas: Hi, Clara! Have you heard about the floods in the south of the country?

Clara : Salut, Thomas ! Oui, j'ai vu ça aux infos. C'est vraiment terrible.

Clara: Hi, Thomas! Yes, I saw it on the news. It's really terrible.

Thomas : Oui, ils disent que beaucoup de maisons ont été détruites et que plusieurs routes sont coupées.

Thomas: Yes, they say that many houses have been destroyed and several roads are blocked.

Clara : C'est impressionnant à quel point le niveau de l'eau a monté si vite. Les gens ont dû être évacués en urgence.

Clara: It's impressive how fast the water level rose. People had to be evacuated urgently.

Thomas : Oui, heureusement, il n'y a pas eu trop de blessés, mais ça va prendre du temps pour tout réparer.

Thomas: Yes, luckily, there weren't too many injuries, but it will take time to repair everything.

Clara : Je me demande comment ils vont faire. Il y a tellement de dégâts !

Clara: I wonder how they're going to manage. There's so much damage!

Thomas : Je pense que le gouvernement va envoyer de l'aide et des secours pour les habitants.

Thomas: I think the government will send aid and relief for the residents.

Clara : Oui, j'ai entendu qu'il y a déjà des bénévoles qui aident à distribuer de la nourriture et des vêtements.

Clara: Yes, I heard that there are already volunteers helping to distribute food and clothing.

Thomas : C'est bien de voir que les gens se mobilisent. Mais ça montre aussi à quel point le changement climatique peut être dangereux.

Thomas: It's good to see people mobilizing. But it also shows how dangerous climate change can be.

Clara : Oui, tu as raison. On voit de plus en plus d'événements extrêmes comme ça, et ça devient inquiétant.

Clara: Yes, you're right. We're seeing more and more extreme events like this, and it's becoming worrying.

Thomas : Exactement. On doit vraiment faire plus d'efforts pour protéger l'environnement.

Thomas: Exactly. We really need to make more efforts to protect the environment.

Clara : Oui, il faut agir vite. Ça fait réfléchir à ce qu'on peut faire pour réduire notre impact.

Clara: Yes, we need to act quickly. It makes you think about what we can do to reduce our impact.

Thomas : Oui, même de petits gestes peuvent aider, comme économiser l'eau et l'énergie.

Thomas: Yes, even small gestures can help, like saving water and energy.

Clara : C'est vrai. Et toi, tu as fait des changements dans ta vie à cause du climat ?

Clara: That's true. And you, have you made any changes in your life because of the climate?

Thomas : Oui, j'essaie de prendre moins la voiture et de manger moins de viande. Et toi ?

Thomas: Yes, I'm trying to drive less and eat less meat. And you?

Clara : Moi aussi, j'ai commencé à utiliser plus les transports en commun et à recycler davantage.

Clara: Me too, I've started using public transport more and recycling more.

Thomas : C'est bien ! Si chacun fait un effort, ça peut vraiment faire une différence.

Thomas: That's good! If everyone makes an effort, it can really make a difference.

Clara : Oui, c'est sûr. Bon, j'espère que la situation dans le sud va s'améliorer rapidement.

Clara: Yes, for sure. Well, I hope the situation in the south improves quickly.

Thomas : Moi aussi. C'est toujours triste de voir des gens perdre leurs maisons à cause de catastrophes naturelles.

Thomas: Me too. It's always sad to see people lose their homes because of natural disasters.

Clara : Oui, c'est vraiment dur. On peut juste espérer que tout le monde soit en sécurité maintenant.

Clara: Yes, it's really hard. We can only hope that everyone is safe now.

Thomas : Exactement. Bon, on se tient au courant s'il y a du nouveau.

Thomas: Exactly. Well, let's keep each other updated if there's any news.

Clara : Oui, à bientôt, Thomas !

Clara: Yes, see you soon, Thomas!

Thomas : À bientôt, Clara !

Thomas: See you soon, Clara!

Dans un cours de cuisine

Marie : Salut, Paul ! C'est ta première fois dans un cours de cuisine ?

Marie: Hi, Paul! Is this your first time in a cooking class?

Paul : Salut, Marie ! Oui, c'est la première fois. Je ne suis pas très bon en cuisine, alors j'espère apprendre quelque chose !

Paul: Hi, Marie! Yes, it's my first time. I'm not very good at cooking, so I hope to learn something!

Marie : Moi aussi ! J'adore cuisiner, mais je veux apprendre de nouvelles recettes. Tu sais ce qu'on va préparer aujourd'hui ?

Marie: Me too! I love cooking, but I want to learn new recipes. Do you know what we're going to make today?

Paul : Oui, le chef a dit qu'on va faire une tarte aux légumes et un dessert au chocolat.

Paul: Yes, the chef said we're going to make a vegetable tart and a chocolate dessert.

Marie : Mmm, ça a l'air délicieux ! J'adore les tartes aux légumes. Tu cuisines souvent chez toi ?

Marie: Mmm, that sounds delicious! I love vegetable tarts. Do you cook often at home?

Paul : Pas vraiment. Je fais des choses simples, comme des pâtes ou des salades. Et toi ?

Paul: Not really. I make simple things like pasta or salads. And you?

Marie : Oui, j'essaie de cuisiner presque tous les jours. J'aime surtout faire des plats à base de légumes et des pâtisseries.

Marie: Yes, I try to cook almost every day. I especially like making vegetable-based dishes and pastries.

Paul : Ça a l'air bien ! Peut-être que je devrais cuisiner plus souvent.

Paul: That sounds good! Maybe I should cook more often.

Chef : Bonjour à tous ! Aujourd'hui, nous allons préparer une tarte aux légumes avec une pâte faite maison. Ensuite, nous ferons un fondant au chocolat pour le dessert. Est-ce que tout le monde est prêt ?

Chef: Hello everyone! Today, we are going to prepare a vegetable tart with homemade dough. Then, we'll make a chocolate fondant for dessert. Is everyone ready?

Marie et Paul : Oui, chef !

Marie and Paul: Yes, chef!

Chef : D'abord, on commence par la pâte. Prenez la farine, le beurre, et un peu d'eau. Mélangez bien jusqu'à obtenir une boule de pâte.

Chef: First, we'll start with the dough. Take the flour, butter, and a bit of water. Mix well until you get a ball of dough.

Paul : Marie, je crois que ma pâte est trop sèche. Tu peux m'aider ?

Paul: Marie, I think my dough is too dry. Can you help me?

Marie : Oui, ajoute un peu plus d'eau et continue à mélanger. Ça devrait aller mieux.

Marie: Yes, add a bit more water and keep mixing. It should get better.

Paul : Ah, merci ! C'est beaucoup plus facile avec de l'aide.

Paul: Ah, thank you! It's much easier with help.

Chef : Maintenant, étalez la pâte dans le moule et préparez les légumes. Coupez-les en fines tranches.

Chef: Now, spread the dough in the pan and prepare the vegetables. Slice them thinly.

Paul : J'espère que mes légumes seront aussi jolis que les tiens, Marie.

Paul: I hope my vegetables will look as nice as yours, Marie.

Marie : (rires) Ne t'inquiète pas, ça va être très bon !

Marie: (laughs) Don't worry, it's going to be great!

Chef : Une fois les légumes coupés, disposez-les sur la pâte et mettez la tarte au four pendant 30 minutes.

Chef: Once the vegetables are sliced, arrange them on the dough and put the tart in the oven for 30 minutes.

Paul : Et pendant que la tarte cuit, on fait le dessert, c'est ça ?

Paul: And while the tart is baking, we make the dessert, right?

Chef : Exactement. Prenez le chocolat et faites-le fondre au bain-marie. Ensuite, on ajoutera les œufs et le sucre.

Chef: Exactly. Take the chocolate and melt it in a double boiler. Then, we'll add the eggs and sugar.

Marie : J'adore les desserts au chocolat. Ça va être trop bon !

Marie: I love chocolate desserts. This is going to be so good!

Paul : Oui, j'ai hâte de goûter !

Paul: Yes, I can't wait to taste it!

Chef : Très bien, tout le monde. Nos plats sont prêts. Bravo pour votre travail ! Vous pouvez maintenant déguster ce que vous avez préparé.

Chef: Alright, everyone. Our dishes are ready. Well done on your work! You can now enjoy what you've prepared.

Marie : Super ! Ça sent tellement bon !

Marie: Great! It smells so good!

Paul : Oui, et je suis assez fier de ma tarte. Merci pour ton aide, Marie !

Paul: Yes, and I'm pretty proud of my tart. Thanks for your help, Marie!

Marie : De rien, Paul ! On devrait refaire un cours ensemble la prochaine fois.

Marie: You're welcome, Paul! We should take another class together next time.

Paul : Oui, avec plaisir !

Paul: Yes, with pleasure!

Dans une boîte de nuit

Julie : Salut, Marie ! Tu t'amuses bien ?

Julie: Hi, Marie! Are you having fun?

Marie : Salut, Julie ! Oui, c'est super ici ! La musique est géniale.

Marie: Hi, Julie! Yes, it's great here! The music is awesome.

Julie : Oui, j'adore ce DJ ! Tu veux aller danser ?

Julie: Yes, I love this DJ! Do you want to go dance?

Marie : Oui, allons-y ! Cette chanson est trop bien.

Marie: Yes, let's go! This song is so good.

(Elles dansent sur la piste)

(They dance on the floor)

Julie : Il y a beaucoup de monde ce soir. C'est sympa, mais il fait un peu chaud.

Julie: There are a lot of people tonight. It's nice, but it's a bit hot.

Marie : Oui, c'est vrai. On va prendre quelque chose à boire après cette chanson ?

Marie: Yes, that's true. Shall we get something to drink after this song?

Julie : Bonne idée ! J'ai soif.

Julie: Good idea! I'm thirsty.

(Après avoir dansé)

(After dancing)

Julie : Qu'est-ce que tu veux boire ?

Julie: What do you want to drink?

Marie : Je vais prendre un jus d'orange. Et toi ?

Marie: I'll have an orange juice. And you?

Julie : Moi, je vais prendre un soda.

Julie: I'll have a soda.

(Elles commandent au bar)

(They order at the bar)

Barman : Bonsoir, qu'est-ce que je vous sers ?

Bartender: Good evening, what can I get for you?

Julie : Un jus d'orange et un soda, s'il vous plaît.

Julie: An orange juice and a soda, please.

Barman : Voilà, ça fera 8 euros.

Bartender: Here you go, that will be 8 euros.

Julie : Merci, je paie par carte.

Julie: Thanks, I'll pay by card.

Marie : Merci pour le jus ! Alors, tu viens souvent ici ?

Marie: Thanks for the juice! So, do you come here often?

Julie : Oui, j'aime bien cet endroit. Et toi, c'est ta première fois ici ?

Julie: Yes, I like this place. And you, is it your first time here?

Marie : Oui, c'est la première fois. L'ambiance est vraiment cool !

Marie: Yes, it's the first time. The vibe is really cool!

Julie : Oui, et il y a souvent de bons DJs le week-end. On devrait revenir ensemble un jour.

Julie: Yes, and there are often great DJs on the weekend. We should come back together one day.

Marie : Avec plaisir ! Mais avant, on retourne danser ?

Marie: I'd love that! But first, shall we go back to dance?

Julie : Bien sûr ! Allez, on y va !

Julie: Of course! Come on, let's go!

Parler des problèmes environnementaux

Paul : Salut, Emma ! Tu as vu les infos sur le changement climatique ?

Paul: Hi, Emma! Did you see the news about climate change?

Emma : Salut, Paul ! Oui, c'est vraiment inquiétant. Les températures augmentent chaque année.

Emma: Hi, Paul! Yes, it's really worrying. Temperatures are rising every year.

Paul : Oui, et il y a de plus en plus de catastrophes naturelles, comme les incendies et les inondations.

Paul: Yes, and there are more and more natural disasters, like fires and floods.

Emma : C'est vrai. On doit vraiment faire attention à notre planète. Sinon, ça va empirer.

Emma: That's true. We really need to take care of our planet. Otherwise, it's going to get worse.

Paul : Oui, tout à fait. Tu fais quelque chose pour réduire ton impact sur l'environnement ?

Paul: Yes, exactly. Do you do anything to reduce your environmental impact?

Emma : Oui, j'essaie de faire attention. Je recycle, j'utilise des sacs réutilisables et je prends les transports en commun.

Emma: Yes, I try to be careful. I recycle, use reusable bags, and take public transportation.

Paul : C'est super ! Moi, j'ai commencé à prendre le vélo pour aller au travail. C'est bon pour l'environnement et pour la santé.

Paul: That's great! I've started biking to work. It's good for the environment and for health.

Emma : Oui, bonne idée. J'aimerais faire pareil, mais je vis un peu trop loin du bureau.

Emma: Yes, good idea. I'd like to do the same, but I live a bit too far from the office.

Paul : Tu pourrais essayer le covoiturage, c'est aussi une bonne solution.

Paul: You could try carpooling, it's also a good solution.

Emma : Oui, c'est vrai. Et toi, tu fais autre chose pour protéger la planète ?

Emma: Yes, that's true. And you, do you do anything else to protect the planet?

Paul : J'essaie de consommer moins d'énergie. J'ai changé mes ampoules pour des LED et j'éteins toujours les lumières quand je sors d'une pièce.

Paul: I try to use less energy. I switched my bulbs to LEDs, and I always turn off the lights when I leave a room.

Emma : C'est une bonne habitude ! Moi, je fais attention à l'eau. J'essaie de prendre des douches plus courtes pour ne pas gaspiller.

Emma: That's a good habit! I try to be mindful of water. I try to take shorter showers to avoid wasting it.

Paul : Oui, chaque petit geste compte. Mais je pense que les gouvernements doivent aussi faire plus pour lutter contre le changement climatique.

Paul: Yes, every little action counts. But I think governments also need to do more to fight climate change.

Emma : Oui, il faut des actions globales. Les grandes entreprises aussi devraient réduire leurs émissions de CO2.

Emma: Yes, we need global action. Big companies should also reduce their CO2 emissions.

Paul : Exactement. J'espère qu'on pourra tous travailler ensemble pour améliorer la situation.

Paul: Exactly. I hope we can all work together to improve the situation.

Emma : Moi aussi. Il est encore temps de changer les choses si on agit maintenant.

Emma: Me too. There's still time to change things if we act now.

Paul : Oui, tu as raison. On doit être plus conscients de notre impact et faire des efforts au quotidien.

Paul: Yes, you're right. We need to be more aware of our impact and make efforts daily.

Emma : Exactement. On peut commencer par de petites actions et motiver les autres à faire pareil.

Emma: Exactly. We can start with small actions and motivate others to do the same.

Paul : Oui, plus on est nombreux à faire attention, mieux ce sera pour l'environnement.

Paul: Yes, the more people pay attention, the better it will be for the environment.

Emma : C'est vrai. Bon, on continue à se motiver pour protéger la planète ?

Emma: That's true. Well, shall we keep motivating each other to protect the planet?

Paul : Oui, avec plaisir ! À bientôt, Emma !

Paul: Yes, with pleasure! See you soon, Emma!

Emma : À bientôt, Paul !

Emma: See you soon, Paul!

Pendant un échange linguistique

Sophie : Salut, Tom ! Prêt pour notre échange de langues ?

Sophie: Hi, Tom! Ready for our language exchange?

Tom : Salut, Sophie ! Oui, je suis prêt. On commence en français ou en anglais aujourd'hui ?

Tom: Hi, Sophie! Yes, I'm ready. Shall we start in French or English today?

Sophie : Commençons en français. Je veux pratiquer un peu plus aujourd'hui.

Sophie: Let's start in French. I want to practice a bit more today.

Tom : D'accord, pas de problème. Alors, comment s'est passée ta journée ?

Tom: Okay, no problem. So, how was your day?

Sophie : Ma journée s'est bien passée. J'ai eu beaucoup de travail, mais je suis contente de pouvoir me détendre maintenant. Et toi, comment ça va ?

Sophie: My day went well. I had a lot of work, but I'm happy to relax now. And you, how are you?

Tom : Ça va bien, merci. J'ai étudié un peu le français ce matin. C'est difficile, mais j'apprends petit à petit.

Tom: I'm good, thanks. I studied a bit of French this morning. It's difficult, but I'm learning little by little.

Sophie : Oui, c'est normal. L'apprentissage d'une langue prend du temps. Est-ce que tu as des questions sur le français ?

Sophie: Yes, that's normal. Learning a language takes time. Do you have any questions about French?

Tom : Oui, j'ai une question sur les temps de verbe. Quand est-ce que tu utilises le passé composé ?

Tom: Yes, I have a question about verb tenses. When do you use the past tense "passé composé"?

Sophie : Bonne question ! On utilise le passé composé pour parler de quelque chose qui s'est passé dans le passé et qui est terminé, comme "J'ai mangé" ou "Je suis allé au cinéma".

Sophie: Good question! We use the passé composé to talk about something that happened in the past and is finished, like "J'ai mangé" (I ate) or "Je suis allé au cinéma" (I went to the cinema).

Tom : Ah, d'accord. Et pour les verbes avec "être", comme "Je suis allé" ?

Tom: Ah, okay. And for verbs with "être," like "Je suis allé"?

Sophie : Oui, certains verbes utilisent "être" au passé composé, comme les verbes de mouvement : aller, venir, partir, arriver, etc.

Sophie: Yes, some verbs use "être" in the passé composé, like movement verbs: aller (to go), venir (to come), partir (to leave), arriver (to arrive), etc.

Tom : Merci, c'est plus clair maintenant. Et pour toi, est-ce que tu as des questions en anglais ?

Tom: Thanks, it's clearer now. And for you, do you have any questions in English?

Sophie : Oui, j'ai du mal avec les prépositions en anglais, comme "in" et "on". Quand est-ce que tu utilises "in" et quand "on" ?

Sophie: Yes, I struggle with prepositions in English, like "in" and "on." When do you use "in" and when "on"?

Tom : C'est une bonne question. "In" est souvent utilisé pour parler de lieux fermés ou d'espaces, comme "in the room" (dans la pièce). "On" est utilisé pour des surfaces, comme "on the table" (sur la table).

Tom: That's a good question. "In" is often used for enclosed spaces or areas, like "in the room." "On" is used for surfaces, like "on the table."

Sophie : Ah, d'accord ! Donc, je dis "in the car" mais "on the bus", c'est ça ?

Sophie: Ah, okay! So I say "in the car" but "on the bus," right?

Tom : Oui, exactement ! C'est un peu difficile au début, mais tu t'y habitueras avec le temps.

Tom: Yes, exactly! It's a bit tricky at first, but you'll get used to it over time.

Sophie : Merci beaucoup ! Ça m'aide beaucoup de pratiquer avec toi.

Sophie: Thank you very much! It helps a lot to practice with you.

Tom : De rien ! C'est toujours plus facile d'apprendre avec quelqu'un. Tu veux continuer à parler en français ?

Tom: You're welcome! It's always easier to learn with someone. Do you want to keep speaking in French?

Sophie : Oui, continuons un peu en français. Quelle est ta prochaine étape pour apprendre la langue ?

Sophie: Yes, let's continue in French for a bit. What's your next step to learning the language?

Tom : Je pense regarder des films en français avec des sous-titres. Ça m'aidera à améliorer ma compréhension orale.

Tom: I'm thinking of watching French movies with subtitles. It will help improve my listening skills.

Sophie : C'est une super idée ! Regarder des films ou écouter de la musique en français, c'est un bon moyen de progresser.

Sophie: That's a great idea! Watching movies or listening to music in French is a good way to improve.

Tom : Oui, et toi, que fais-tu pour améliorer ton anglais ?

Tom: Yes, and what do you do to improve your English?

Sophie : J'écoute des podcasts en anglais. Ça m'aide à mieux comprendre l'accent et les expressions idiomatiques.

Sophie: I listen to English podcasts. It helps me understand the accent and idiomatic expressions better.

Tom : Bonne méthode ! On pourra peut-être échanger des recommandations de films et de podcasts la prochaine fois.

Tom: Good method! Maybe we can exchange film and podcast recommendations next time.

Sophie : Oui, avec plaisir ! Bon, on se revoit pour notre prochain échange ?

Sophie: Yes, with pleasure! So, shall we meet again for our next exchange?

Tom : Oui, à bientôt, Sophie !

Tom: Yes, see you soon, Sophie!

Sophie : À bientôt, Tom !

Sophie: See you soon, Tom!

Pendant un appel vidéo avec un ami

Lucie : Salut, Marc ! Comment ça va ?

Lucie: Hi, Marc! How are you?

Marc : Salut, Lucie ! Ça va bien, merci. Et toi ?

Marc: Hi, Lucie! I'm good, thanks. And you?

Lucie : Ça va aussi. C'est sympa de te voir par vidéo. Ça fait longtemps qu'on ne s'est pas parlé.

Lucie: I'm good too. It's nice to see you on video. It's been a while since we last talked.

Marc : Oui, c'est vrai ! Quoi de neuf chez toi ?

Marc: Yes, that's true! What's new with you?

Lucie : Pas grand-chose. Je travaille beaucoup en ce moment, et toi ?

Lucie: Not much. I'm working a lot at the moment, and you?

Marc : Pareil. Le boulot me prend beaucoup de temps, mais j'essaie de me détendre quand je peux.

Marc: Same here. Work takes up a lot of my time, but I try to relax when I can.

Lucie : Tu fais quoi pour te détendre ?

Lucie: What do you do to relax?

Marc : Je regarde des séries et je joue un peu aux jeux vidéo. Et toi, qu'est-ce que tu fais pour te relaxer ?

Marc: I watch series and play video games a bit. And you, what do you do to relax?

Lucie : Moi, je lis des livres et je fais du yoga. Ça m'aide à rester calme.

Lucie: I read books and do yoga. It helps me stay calm.

Marc : C'est bien, le yoga ! Je devrais essayer aussi. Tu fais ça tous les jours ?

Marc: Yoga is great! I should try it too. Do you do it every day?

Lucie : Oui, j'essaie de faire une petite séance chaque matin. Ça me donne de l'énergie pour la journée.

Lucie: Yes, I try to do a little session every morning. It gives me energy for the day.

Marc : Ça a l'air sympa. Peut-être que je te demanderai des conseils !

Marc: That sounds nice. Maybe I'll ask you for some tips!

Lucie : (rires) Avec plaisir ! Sinon, tu as des projets pour ce week-end ?

Lucie: (laughs) With pleasure! So, do you have any plans for this weekend?

Marc : Pas vraiment. Je pense rester à la maison et me reposer. Et toi ?

Marc: Not really. I think I'll stay home and rest. And you?

Lucie : Je vais voir des amis samedi, mais dimanche, je ne fais rien de spécial. On pourrait faire un autre appel vidéo si tu veux.

Lucie: I'm seeing friends on Saturday, but on Sunday, I don't have anything special planned. We could do another video call if you want.

Marc : Oui, bonne idée ! Ça serait sympa de refaire ça.

Marc: Yes, good idea! It would be nice to do that again.

Lucie : On pourrait aussi regarder un film ensemble en ligne ?

Lucie: We could also watch a movie together online?

Marc : Oui, ça serait cool ! Tu as un film en tête ?

Marc: Yes, that would be cool! Do you have a movie in mind?

Lucie : Peut-être quelque chose de léger, comme une comédie. Ça te dit ?

Lucie: Maybe something light, like a comedy. How does that sound?

Marc : Oui, j'adore les comédies ! On choisira quelque chose ensemble.

Marc: Yes, I love comedies! We'll pick something together.

Lucie : Parfait ! Bon, je vais devoir y aller. On se reparle ce week-end ?

Lucie: Perfect! Well, I'll have to go. Shall we talk again this weekend?

Marc : Oui, à samedi alors !

Marc: Yes, see you on Saturday then!

Lucie : D'accord, à samedi. Bonne soirée, Marc !

Lucie: Alright, see you Saturday. Have a good evening, Marc!

Marc : Merci, bonne soirée, Lucie !

Marc: Thanks, have a good evening, Lucie!

Learn French with Mystery Stories

French A2 Reader

Paperback: **ISBN:**9798227273970

Ebook: **ISBN:**9798227997746

Step into the turbulent world of the Merovingian dynasty with Felix Dahn's mesmerizing historical novel, "Fredigundis." Follow the incredible journey of Fredigundis, a woman of humble beginnings who rose to become one of the most feared and formidable queens of the early medieval era. Dahn masterfully blends historical accuracy with compelling storytelling, capturing Fredigundis's relentless ambition, fierce intelligence, and the ruthless tactics she employed to secure her power. From orchestrating assassinations to commanding armies, her tale is one of passion, power, and survival against overwhelming odds.

Exclusive on **www.briansmith.de**

www.ingramcontent.com/pod-product-compliance
Lightning Source LLC
Chambersburg PA
CBHW070745160726
48004CB00001B/64